수소 혁명의 시대

차례

Contents

새로운 에너지의 필요성

환경의 역습

'기상 측정이 시작된 이후 최대 강수량, 최대 폭설, 최대 산불', '사람 체온을 훌쩍 넘기는 이상 기온'. 우리는 요즘 이런 말을 너무 자주 듣는다. 예측할 수 없는 이상 기후와 자연 재해의 원인을 살펴보면 좀 아이러니한 면이 있다.

이제까지 인류에게 편리한 생활을 제공해준 교통수단과 밤을 낮같이 밝히는 전기와 안락한 생활환경을 제공하는 냉난방 시설 등은 화석 에너지가 인류에게 베푼 공로라고 말해도 무리가 없다. 수억의 인구가 먹고 살 수 있도록 농업 생산량을 증가시킨 농약, 비료를 비롯하여 아스팔트, 건축 자재, 의약품,

플라스틱 제품 등 이루 헤아릴 수도 없을 만큼의 많은 산업을 인류에게 제공한 것도 화석 연료이다. 현대 사회가 누리는 편리함과 풍족함은 산업혁명 이후 석탄, 석유, 천연가스와 같은 화석 에너지의 지혜로운 이용 때문에 누릴 수 있는 것이었다. 과거 두 세기 동안 이루어진 모든 진보는 화석 연료를 이용해서 얻은 결과이다. 그러나 유감스럽게도 다음 몇 세기는 장기간의 화석 연료 사용이 초래한 부정적인 결과를 감당해 내야만 할 것 같다. 우리는 과거의 영화를 그리워하기보다는 앞으로 닥칠 미래가 어떤 식으로 진행될지, 우선 그와 관련한 현실 점검부터 해야 할 듯하다.

세계를 변화시킨 에너지 개발

석탄을 이용하기 시작한 이후부터 19세기 영국에서 일어난 산업혁명을 거치면서 인류의 노력은 석유와 천연가스와 같은 화석 연료를 어떻게 산업에 유용하도록 사용할 것인가에 초점이 맞추어져 있었다. 그 결과 요즘 국가 간 우위는 모든 산업에 원료로 쓰이는 화석 연료의 사용량에 비례해 정해진다고 해도 과언이 아니다. 이러한 무분별한 화석 연료의 사용으로 지구는 이제 몸살을 앓고 있다. '지구 환경오염'으로 대표되는 이 현상은 특히나 '지구 온난화', '온실 효과' 같은 단어로 우리에게 익숙한 모습을 드러냈다.

지구 환경오염은 간단히 말해서 화석 연료가 에너지로 사용되면서 생겨나는 물질들로 인해 일어난다. 일산화탄소와 이산화탄소, 황·질소 산화물과 쓰레기 매립지, 가축들이 내뿜는 가스에서 발생하는 '메탄'과 같은 물질이 대기를 오염시키고, 대기 중에 쌓인 가스들은 지구 복사열을 차단한다. 이 때문에 지구는 마치 주변에 비닐 종이를 두른 것 같은 온실 효과를 갖게 되어 지구 표면의 온도가 상승한다. 이러한 원인이 예상치 못한 강수, 폭염, 지구상의 생태계 변화 등 자연 재해를 초래하는 것이다.

화석 연료는 국제적 분쟁 또한 야기 시켰다. 불행히도 화석 연료는 지구상에 균등하게 배분되어 있지 않고, 아랍 국가가 있는 중동 지역, 특히 사우디아라비아에 전 매장량의 1/4정도가 매장되어 있다. 1970년대 두 차례에 걸친 오일 파동, 걸프전, 9·11 사태 이후의 이라크 전쟁으로 이어지는 일련의 사건들은 모두 화석 연료와 관련이 있다. 이것이 경제, 문화, 국방, 정치에 큰 영향을 미치는 것은 말할 필요도 없다. 그리고 이제 우리는 유가 변동에 아주 민감하게 반응하는 사회에 살고 있다. 이러한 과정을 겪으면서 석유를 대체할 수 있는 새로운 에너지에 대한 요구가 과학자, 정치가를 중심으로 꾸준히 구체화되고 있는 것이다.

대체 에너지 개발의 시작

앞서 밝혔듯 현재 인류가 가장 많이 사용하는 에너지인 화석 연료는 크게 두 가지의 문제점이 있다. 심각한 환경 문제를 일으키고, 매립 자원의 한계가 있다는 것이 그것인데, 이 때문에 언젠가는 이를 대체할 에너지가 반드시 필요하게 된다. 따라서 미래의 에너지는 이러한 문제점을 해결해야 할 수 있는 형태이어야 할 뿐만 아니라, 고도의 산업 사회가 요구하는 에너지의 양을 충족할 수 있는 것이어야 한다.

화석 연료를 대체할 신재생 에너지는 대부분 공해를 일으키지 않는 청정 에너지여야 하고 자원도 풍부해서 충분히 사용을 한 이후에도 고갈의 위협을 느끼지 않아야 하며, 또한 에너지의 강도, 다시 말해서 밀도가 높아야 한다.

일례로 1970년대 오일 파동은 화석 연료가 언젠가 고갈될 수 있는 유한한 자원이며, 그 매립이 지구상의 일부 지역에만 편중되어 있어서 일어난 분쟁이었다. 석유 생산국에 의한 일방적인 횡포에 의한 석유 파동으로 인해 에너지 위기를 겪으면서 석유를 대체하는 에너지, 즉 대체 에너지에 대한 연구가 활발히 진행되었다. 이 에너지들은 원자력, 석탄, 천연가스 등으로 정의되었다. 이후 석유산업사회를 지나면서 석유를 포함한 화석 에너지의 무분별한 사용으로 대기, 토양, 수질에 이르기까지 지구 환경의 파괴는 심각한 상태로 나타났으며, 대체 에너지의 개념도 환경 보호에 의미를 두고 화석 연료 사용을 대체할 수 있는 무공해 개념의 신재생 에너지, 미래 에너지, 미활용 에너지로 전환되었다.

이에 속하는 것은 태양열, 태양광 발전, 바이오매스, 풍력,

수력, 소수력, 지열, 해양 에너지, 폐기물 에너지, 수소 에너지 등이 있다.

대체 에너지의 종류

태양광 에너지는 태양으로부터 오는 빛 에너지를 일컫는다. 태양열 에너지는 태양으로부터 지구의 대기를 통과하면서 일부는 구름, 먼지, 매연 등의 물질에 의해서 산란되거나 흡수된 후 나머지가 지구 표면에 도달하게 된다. 이와 같은 산란이나 흡수 없이 지표면에 도달하는 태양열의 양은 적도 부근에서 약 $1,353 w/m^2$(평방미터 당 1,353와트)에 이른다.

태양열 에너지는 공해 물질을 전혀 유발하지 않는 청정 에너지이며, 무한대로 공급될 수 있다는 장점이 있지만 지표면에서 받는 일사량은 낮밤의 주기 때문에 지속적으로 받을 수 없고, 또한 기상 조건에 따라서 변화한다는 단점이 있다. 난방, 온수 급탕, 열 발전에 적극적으로 활용되고 있으며, 태양열을 고온으로 모아서 높은 산업 가치로 이용하기 위해서 접시형 태양열 집광 시스템 등이 개발되고 있다.

빛 에너지는 실리콘 반도체에서 전기 에너지로 바뀌는데 이러한 것을 태양 전지라고 부르고, 태양광을 이용한 발전을 할 수 있다. 단점은 태양열 에너지와 같으며, 태양 에너지를 전기로 바꿀 수 있는 능력을 나타내는 변환 효율은 약 10-18%이고, 반도체의 값이 비싸다는 제한점을 가지고 있다. 그러나 적극적인 태양 에너지 이용 기술이며, 자연 에너지 이용 기술이라 할 수 있다. 바이오매스도 에너지 원료 물질의 하나이다. 바이오매스를 초기에 이용한 대체 에너지 형태는 나무를 땔감으로 사용한 데에서 유래하였으며, 이용 기술이 개발됨에 따라 바이오매스는 열, 수소, 메탄, 에탄올, 디젤을 만들수 있다. 풍력과 수력은 말 그대로 바람이나 물의 힘을 이용해서 전기를 발생시키는 에너지이며 우리에게 익숙한 것이므로 여기에서는 설명을 생략한다.

수소는 연료 전지나 내연 기관을 적용하여 전기나 동력을 생산할 수 있는데, 연소 후에 소량의 질산화합물(No_x)과 물을 생성하기 때문에 공해 물질이 발생되지 않고 환경오염을 최소화할 수 있다.

왜 수소인가?

이와 같이 여러 가지 형태의 신재생 에너지가 존재하는데 왜 굳이 수소를 이야기하고자 하는가? 신재생 에너지의 적합성에 비추어 생각할 때, 태양 에너지는 사용 후에 공해를 일으키지 않으며, 무제한 지구상에서 사용할 수 있지만, 에너지 밀도가 낮아서 일정량의 에너지를 얻기 위해서는 넓은 면적이 필요하다는 단점이 있다. 즉, 단위질량 1그램당 발열량이 수소는 약 28,670~33,890칼로리이고, 가솔린은 약 4,500~7,500칼로리이다. 이는 수소가 가솔린보다 에너지 밀도가 약 3배가량 높은 에너지라는 것을 의미한다. 수소가 다른 대체 에너지보다 미래의 에너지로서 더욱 유리한 것은 에너지 매체로서 물이나 유기물로부터 생산될 수 있는 양이 무제한적이기 때문이다. 풍력, 수력은 공해가 없고 무제한 사용할 수 있는 에너지이지만, 바람이나 수자원이 풍부한 곳에서만 전기를 생산할 수 있는 지역적 편재성이 그 제한 요소가 되고 있다.

미국은 2003년 '수소 경제(Hydrogen Economy)'라는 함축적인 말로써 수소를 미래의 에너지원으로 전망하고, 이를 전 세계적으로 확산하기 위한 기점을 마련하였다. 이러한 국제적인 에너지 동향에 발맞추어 국내에서도 2004년을 수소 에너지와 이의 전력화 응용 기술인 수소 연료 전지 기술의 개발 원년으로 하여, 에너지 선진국으로 가기 위해 향후 보다 적극적이고 지속적으로 투자를 확대해간다는 방침이다.

수소를 에너지로 이용한다면 화석 연료와 같이 자원이 지구상 어디에 묻혔는가 하는 우연한 사실로 인하여 에너지의 강대국이 정해지는 것과 같은 일은 없을 것이다. 왜냐하면 수소는 에너지 매체로서 태양 에너지, 지열, 수력, 생물 등 여러 가지 방법으로 발생될 수 있기 때문이다. 그러나 현재는 아직도 화석 연료인 천연가스를 수증기 개질하여 수소를 발생시키는 기술이 대량 생산에 활용되고 있으며, 그 외의 기술은 아직도 연구되고 있거나 상용화 초기 단계에 있는 값 비싼 기술이다. 일본은 화석 자원이 빈약한 국가로서 일찍이 수소 에너지 연구를 국가 기반 기술로 투자한 나라인데, '썬 샤인 프로젝트'가 그 대표적인 예이다. 미국, 소련, 독일은 수소 에너지 개발 연구를 했으며, 1999년부터 아이슬란드가 지열 발전을 통한 수소 에너지 경제 체계의 장기 계획을 세워, 유럽에 수소를 수출한다는 야심 찬 목표를 세우고 있다.

다시 한번 강조하자면 1990년대 이후 겪는 화석 연료의 문제점은 화석 연료의 무분별한 장기 사용으로 인한 지구 환경 오염과 자연 재해이다. 때문에 적극적인 해결책이 요구되고 있다. 화석 연료의 단점을 보완하면서 인류의 산업 활동을 편리하게 유지할 수 있는 새로운 에너지원에 대한 관심이 크게 증가하고 있으며 그 해결책의 하나로 '수소 에너지'가 주목받고 있다.

수소 에너지란?

수소의 이해

  1980년대~1990년대에는 화석 에너지가 비교적 안정적으로 공급되면서 각종 산업이 발달하였지만, 수소가 갖는 에너지로서의 가치는 묻혀 있었다. 최근 수소는 신 에너지로서 재조명되고 있으며, 산업혁명 이후 각종 산업에 폭넓게 사용되어 왔다. 에너지로서의 수소에 대해 경제·사회·과학 각 분야에서 관심을 갖고 검토하게 된 것은 1970년대 초반 산유국의 제한된 원유 생산으로 인한 오일 쇼크 이후였지만, 에너지 학자들은 이보다 훨씬 전부터 오늘날의 문제점을 예측하고 그 대안을 고심하였다. 1920년 버튼 샌더슨 홀데인은 수소 에너지를 미래의 에너지라고 예언하고, 그의 논문에서 수소 생산, 보관, 이용 등에 관한 기술을 소개하였다. 그는 수소를 액체화하여 석유와 동일한 형태로 저장할 때, 액화 수소는 석유보다 3배 이상의 열량[1]을 갖는 효율적인 미래 에너지라고 전망하였다.

수소는 모든 동식물, 물, 석탄, 석유를 구성하는 성분 원소의 하나로 그 양은 약 70%에 이른다. 자유롭게 수소가스로 존재하는 양은 대기 중의 0.1ppm 미만이지만(대기 구성 물질의 비율은 질소 78%, 산소 21%, 아르곤 0.9%, 이산화탄소 0.03%, 미량의 수소 및 아르곤, 일산화탄소 등) 수소는 모든 생물체에 존재하는 구성 원소로 고체, 액체, 기체를 형성한다.

예를 들면 물(H_2O)에는 두 개의 수소(H) 원자와 한 개의 산소(O) 원자가 결합하여 표준 상태에서 액체로 존재한다. 즉, 석유, 천연가스와 같이 액체나 기체 형태를 이루면서 에너지로서 단독으로 존재하지 않기 때문에, 수소 원소를 갖는 위와 같은 물질로부터 *끄집어내야* 한다.

이러한 수소는 헨리 캐번디시에 의해 처음 발견되었으며, 1776년 영국 왕실학회에서 산소와 함께 물의 구성 성분이라는 것을 실험으로 보였다. 이로부터 수소는 물을 뜻하는 Hydro와 생성한다는 의미의 Gennao라는 그리스어를 합성하여 Hydrogen으로 불리게 되었으며, 화학식으로는 H_2로 표시하게 되었다.

수소는 우주에 존재하는 가장 가볍고 풍부한 원소로, 냄새와 색깔이 없다. 수소는 연소하기 쉬운 기체로 공기나 산소와 접촉하면 쉽게 불이 붙는다. 수소-공기 혼합 기체에 불꽃을 튀겨주면 조건에 따라 폭발적인 연소 반응을 보이기도 한다. 특히 폭발이 일어나는 농도 범위가 다른 기체보다 커서 폭넓게 폭발을 일으킨다. 이 때문에 적절한 조건으로 통제하면서 수소를 연소시키면 일반 도시가스처럼 에너지원으로 이용할 수 있다.

화석 에너지를 사용할 때는 이산화탄소와 질소 및 황 화합물과 같은 오염 물질이 발생되지만, 수소는 그렇지 않다. 수소가 가지는 에너지로서의 장점은 연소하면서 소량의 물과 극소량의 질소산화물만을 발생할 뿐 다른 공해물질을 전혀 발생하지 않는 청정 연료라는 점이다. 또 다른 장점은 발열량이 석유보다 약 3배가량 높은 효율적인 에너지라는 것이다. 또한 수소를 직접 연소시켜 에너지를 얻을 수도 있고, 연료 전지 등의 연료로서도 사용이 간편하다.

수소는 그 자체로도 전자 반도체, 식품 등 산업용 환원성 가스로 사용되고, 또한 비료의 원료인 암모니아 합성에도 쓰이는 등 그 용도가 다양하다. 에너지로 사용하기 위해서는 가솔린 내연 기관과 같이 수소를 직접 엔진 연료로 사용하여 초기에는 자동차, 잠수함, 우주선의 동력으로 사용할 수도 있지만, 현재는 연료 전지에 산소와 같이 공급하여, 전기를 발생시키는 방법으로 그 실용화를 서두르고 있다.

수소의 에너지 가치를 미리 내다본 과학자는 앞서 언급한 버든 샌더슨 홀데인이다. 그는 1923년 케임브리지 대학교에서 수소 에너지의 생산, 저장, 사용과 관련한 기술을 구체적으로 소개하면서 미래의 에너지라고 강연하였다. 그는 수소 에너지 시스템으로 전환할 때 발생할 수 있는 환경적인 측면의 장점을 말하였는데, 지구 온난화 가스의 발생을 최소화한다는 것이다. 아울러 바람으로 발생하는 풍력 발전에 의해 전지를 얻고, 이를 이용해서 물을 수소와 산소로 분해하여 탱크에 저장할 것이라고 예언했다. 저장된 수소와 산소는 재결합하여 전기 에너지를 다시 발생하게 되는데, 이는 현재 수소연료전지를 의미하며, 발생된 전기는 가정용 전지부터 산업용에까지 활용된다고 내다보았다.

화석 연료가 지구상의 일부 지역에 편중되어 국제적 분쟁을 야기한다는 점, 현재의 발굴 속도로 소비한다면 언젠가는 다 없어질 것이라는 점 등이 우리를 두렵게 한다면 수소는 지구상에 존재하는 거의 무한한 양의 물을 원료로 이용해 만들어낼 수 있으며, 사용 후에는 다시 물로 재순환되기 때문에 고갈될 걱정이 없는 무한 에너지원으로 각광받고 있다고 할 수 있다. 그리고 기술을 가진 나라가 주도권을 갖게 되는 형태의 에너지이기 때문에 자원 분쟁을 야기하는 일도 없을 것이라는 예견이다.

현재 수소는 산업용의 기초 소재, 식품·유지 산업, 반도체 산업의 환원 가스로부터 일반 연료, 수소 자동차, 수소 비행기, 연료전지 등 현재의 에너지 시스템에서 사용되는 거의 모든 분야에 이용될 가능성을 지니고 있다.

수소 에너지의 이용

수소 에너지가 언제부터 에너지로 사용되었는가 하는 것은 대기 중의 이산화탄소의 농도와 밀접한 관계가 있다. 현재 대기 중의 이산화탄소 농도는 0.03%로 교과서에 나와 있지만 사실 이 수치는 1950년경의 자료이고, 현재는 2000년 기준 0.0375%(375ppm)가 정확한 수치로 50년 동안에 약 50ppm이 증가하였다. 전문가들은 2000년부터 수소를 에너지로 도입한다면 대기 중 이산화탄소 농도는 2040년경에 약 525ppm까지 이르고 그 후 점점 감소하여 2100년에는 약 425ppm까지 낮아지는 반면, 2025년부터 수소를 사용하기 시작한다면 2080년경부터 대기 중 이산화탄소 농도가 낮아질 것으로 전망하고 있다. 그러나 2100년이 되어도 아직 520ppm 정도까지 남아있게 된다. 수소 에너지를 전혀 도입하지 않은 채 현 상태가 계속 된다면 이산화탄소의 농도는 계속 상승하여 2100년에는 약 700ppm에 달할 것이다. 결론적으로 수소 에너지를 사용하는 시점이 빠르면 빠를수록 대기 중 이산화탄소 함량은 빨리 줄어들며, 이와 비례하여 이산화탄소와 각종 유해 공해물질이 주는 환경 문제도 감소하게 된다.

이산화탄소의 증가와 에너지원의 변천을 살펴보면, 나무, 석탄, 석유, 천연가스 순으로 이용되었는데, 변천의 순서대로 각 물질 중의 단위질량 당 탄소수가 적어지는 현상을 보인다. 즉, 인류 역사상 가장 오래 주원료로 사용된 나무는 수소 한 개에 탄소가 10개로 이루어져 있으며, 화석 연료 중 석탄은 수소 1개에 1~2개의 탄소가 결합되어 있고, 석유는 수소 2개에 탄소 1개, 천연가스는 수소 4개에 탄소 1개가 있는 구조이다. 이산화탄소가 적게 방출되는 방향으로 진행되어 온 것은 대기 환경 보존의 측면으로 볼 때 무척 다행스런 일이지만, 석탄, 석유의 사용량이 엄청나게 많아 결과적으로는 대기 중 이산화탄소의 급증을 초래하게 되었다. 이것이 수소원자 2개로 구성된 수소 에너지가 차세대의 에너지원으로 기대되는 또 하나의 이유이다.

수소 에너지의 생산

　수소 에너지를 생산하는 방법은 다양하다. 현재 공업적으로 수소를 대량생산하는 방법 중 하나는 천연가스인 메탄을 고온·고압에서 스팀으로 분해하는 방법(CH_4 + H_2O → H_2 + CO_2)인데, 이 방법에 의해 전 세계 수소 생산량의 절반가량이 생산된다. 그러나 수소와 동시에 이산화탄소가 발생하기 때문에 궁극적인 수소 생산 방법은 될 수 없다. 물을 전기 분해 하는 것과 같이($2H_2O$ → $2H_2$+O_2) 이산화탄소가 전혀 발생하지 않는 방법을 찾아야 하는 것이다. 물의 전기 분해는 수소 생산에 이상적인 방법이지만, 전기를 생산하기 위해 화석 연료나 폐기물 및 방사능의 문제를 초래할 수 있는 원자력과 같은 에너지를 이용해야한다는 한계에 이르게 된다. 태양 에너지와 같은 자연 에너지나 미생물을 이용한 수소 생산 기술이 무공해 에너지 생산 기술로 정착될 때, 비로소 인류는 환경 문제에서 자유로울 수 있다.

천연가스를 분해하거나 물을 굳이 비싼 전기로 분해하지 않아도 수소 에너지를 생산할 수 있는 기술은 다양하다. 물이나 단순한 유기물을 광촉매라는 특수한 물질을 이용해서 수소를 발생시키는 광화학적 물 분해, 태양열이나 폐열을 이용한 열화학적 물 분해, 미생물을 이용하여 물이나 유기물을 분해하는 방법 등이 있다. 현재는 소규모로 연구되고 있으며, 차세대 에너지로서의 가능성을 저울질하고 있는 상태이다. 이 기술들은 아직 충분한 기초 연구가 필요한 시기이지만 미래에는 세계의 에너지를 책임지고 이끌고 갈 수 있을 것으로 전망된다.

천연가스에 높은 온도의 수증기와 압력을 가하면 천연가스가 수소와 이산화탄소로 분해되는 수소 생산 기술 외에도 다양한 기술이 있다. 그 중 하나가 물의 전기 분해인데 전력이 풍부한 국가에서 많이 쓰이고 있다. 이는 물(H_2O)을 두 전극 사이에 넣고 전기를 흘리면 양극(+)에서는 산소(O_2)가 발생하고 음극(-)에서는 수소(H_2)가 발생하는 원리를 이용하는 방법이다. 이 외에도 제철 공장의 공정 중에 발생하는 부생 가스로서 일산화탄소와 수소가 혼합된 가스가 있다. 이 혼합 가스는 특수한 막을 이용하여 수소를 일산화탄소로부터 분리한 후,

현재 산업용으로 사용하고 있다.

이 책에서 소개하려는 생물학적인 방법으로 수소를 생산하는 기술은 다른 방법에 비해 여러 장단점을 지니고 있다. 우선 '미생물을 이용한 수소 생산'은 지구상에서 이산화탄소를 최소화 할 수 있다는 장점이 있다. 즉, 수소를 에너지로 사용한다는 것 자체가 연료로서 이산화탄소를 발생시키지 않을 뿐 아니라, 광합성을 하는 일부 녹조류 미생물은 이미 공기 중에 존재하는 이산화탄소를 이용하여 미생물 자체 내에 저장물질을 만들기 때문에 이중으로 공기 중 이산화탄소 농도를 낮출 수 있는 것이다.

이와 같은 광합성 미생물로부터 천연 색소나 그 외 고부가가치 물질을 얻는 것이 경제성이 좋을 경우는 생물 산업으로 활용할 수 있다. 광합성 미생물은 보통 녹색이나 청록색 또는 붉은색을 띠는데, 이는 자체 내에 빛을 흡수하여 광합성을 하기 위한 수단의 일종이다. 생물이 가지고 있는 붉은색, 녹색, 청록색 등의 클로로필 색소는 천연 색소로서 산업용으로 활용할 때 부가가치가 높다.

그 외에도 베타카로틴이나 코엔자임과 같은 의약품을 생산할 수 있어서 생물 산업을 활성화할 수 있다. 생산 기술 측면에서의 장점은 공정이 상온 상압에서 이루어지므로, 고온 고압을 필요로 하는 열화학 공정과 비교하여 시설 가동 에너지가 적고, 위험도도 비교적 낮다는 점이다. 그러나 이러한 기술에도 극복해야 할 문제점이 있다. 그 중에서도 생물 공정은 미생물의 성장, 광합성 메커니즘 등이 균체 내에서 생겨야 수소도 발생하게 되므로 화학 공정에 비해 오랜 시간이 소비되는데, 이는 단위 시간 당 수소 생산 속도가 낮아지는 결과를 가져온다. 이러한 난점을 극복하기 위해 균체 밖에서 수소를 발생시킬 수 있는 기술 등 다양한 시도가 연구되고 있다.

화학 공정은 위에서 예를 든 것처럼 천연가스의 수증기 개질 반응에 의한 수소 생산으로, 고온과 고압이 동반되는 기술이다. 생물 공정은 미생물을 이용하여 수소를 생산하는 것과 같은 기술로 생물이 생존할 수 있는 조건, 즉 상온, 상압 조건에서 일어나는 공정을 일컫는다. 수소 생산뿐만 아니라 석유화학 산업에 의존하는 거의 모든 화학물질 합성 기술은 고온, 고압으로 촉매가 필요한 화학 공정이라 할 수 있다. 미생물이 동일한 물질을 생산할 때 이를 생물 공정이라 하는데, 미생물이 살 수 있는 조건에서 물질을 만들어 내므로 반응 조건이 훨씬 온화한 반면 생산 속도는 느리다. 현재까지 산업 활동에서는 화학 공정 위주로 개발되었는데, 생물 공정보다 일반적으로 속도가 빠르며, 대량 생산이 가능하기 때문에 생산성 위주의 사회에는 적합한 형태이다.

환경에 대한 우려가 사회 전반의 관심이 되면서 많은 분야에서 생물 공정의 필요가 요구되고 있지만, 생산 속도가 느리다는 단점을 보완해야만 이러한 방법이 경쟁력이 있기 때문에 많은 연구 개발이 이루어지고 있다. 한 예로, 특정 물질을 만들 수 있는 산업 미생물의 유전자를 재조합하여 생산성을 높

인다든지, 단계적으로 새로운 기술을 접목한다든지 하는 등의
많은 노력이 이루어지고 있다.

미생물 광합성과 수소 에너지

광합성의 메커니즘

우주를 이루고 있는 가장 풍부한 원소가 수소인 것으로 미루어 보아, 태초에 지구를 둘러싸고 있었던 대기에서는 수소 가스가 풍부하였을 것으로 추측된다. 그러나 수십억 년이 지난 현재 지구 주변 대기는 산소가 풍부하고 수소는 0.1ppm 정도로 미량만이 존재한다. 즉, 수소가 풍부한 환경으로부터 산소가 다량 존재하는 환경으로의 점차적인 전환은 지구상의 산화-환원 작용의 결과이다. 산소와 수소로 구성되어 있는 지표상에 존재하는 물은 분해되고, 이 중에서 수소는 우주로 이동한 반면 산소는 지구 주변에 머물러 있었던 것이다. 식물과 미생물 등을 포함하는 생물은 광합성 작용을 함으로써 이러한 과정에 줄곧 중요 역할을 해왔으며, 그 과정은 지금도 진행되고 있다.

광합성의 발견

식물의 광합성 작용에 의해 물이 산화되어 산소를 발생하는 동안에 이산화탄소는 탄수화물로 합성되어 저장된다. 저장되는 탄수화물은 식물의 줄기, 잎, 열매 부분이 된다. 모든 녹색 식물로부터 우리가 양식으로 얻는 부분, 즉 열매, 뿌리 등은 탄수화물이 주성분인 단순한 구조의 물질이지만, 이와 같은 양식을 합성하기 위해 식물 체내에서는 마이크로 규모의 눈에도 보이지 않는 아주 복잡한 공장을 가동한다. 원료로 사용되는 물질은 공기 중의 이산화탄소, 물, 그리고 태양광이다. 이 공장은 식물이나 미생물의 엽록체에 있고, 그 이름은 광합성계(Photosystem, 식물 및 미생물에서 광합성이 일어나는 과정을 통틀어 표시한 말)I과 II이며, 이러한 과정을 광합성(Photosynthesis)이라고 한다.

이곳에서 발생하는 반응을 원료와 생산품으로 간략하게 정리하면 다음 식과 같다.

$$12H_2O + 6CO_2 + 빛 \rightarrow C_6H_{12}O_6 + 6O_2 + 6H_2O$$

즉, 공기 중에 있는 6분자의 이산화탄소가 식물에 흡수되고, 식물의 뿌리에서 전달된 물 12분자가 원료로 쓰이며, 이때 이 반응이 진행되도록 결정적인 역할을 하는 것이 빛 에너지이다. 그리고 광합성계에서는 많은 중간 산물들이 생겨서 광합성 작용을 수월하게 진행되도록 도와주지만 최종적으로 포도당 1분자와 6분자의 산소로 전환된다.

빛 에너지가 이산화탄소와 물을 이용하여 산소를 발생시키고 동시에 포도당이라는 탄소가 6개인 유기물질을 만들었다. 이와 같이 식물의 광합성 작용에 의해서 합성된 포도당은 식물체 및 조류에 존재하는 또 다른 합성 과정에 의해서 탄수화물, 지방, 단백질, 비타민과 같은 영양물질로 변한다. 우리가 먹는 곡식, 과일, 야채가 이러한 과정에 의해 만들어진다.

녹색 식물의 광합성 작용은 광합성 중의 산소 발생을 관찰함으로써 밝혀지게 되었다.

1780년 영국 화학자 조셉 프리슬리에 의해 광합성 작용 중에 산소가 발생한다는 것이 밝혀졌다. 그는 밀폐된 시험관 내에 잎이 있는 나뭇가지를 물에 꽂고, 또 다른 시험관 내에는 쥐를 가두고, 동시에 촛불을 켜놓았다. 이 두 시험관 사이를 튜브로 연결해 놓았을 때, 쥐의 호흡에 의해서 비커의 산소가 모두 소비되고 촛불이 꺼질 것으로 예상했으나, 며칠 후까지도 쥐와 촛불이 그대로 살아있는 것을 관찰하였다.

당시는 광합성에 대한 이해 없이 막연히 식물이 탁한 공기를 맑게 한다고 생각했다. 몇 년 후, 런던을 방문한 네덜란드 의사 얀 인겐하우즈가 조셉 프레슬리의 실험 결과를 듣고 약

식물의 광합성 작용을 밝혀낸 최초의 실험.

500번의 동일한 실험을 한 결과, 식물의 광합성이 산소를 발생시켜 공기를 맑게 했다고 밝혀내었다. 즉, 비커 내의 산소의 발생이 시험관 밖에서 쪼이는 햇빛 때문이라는 것을 알아낸 것이었다. 또한 촛불과 쥐의 호흡에 의해서 발생한 이산화탄소가 식물에 의해 이용되었으며, 쥐와 식물이 살아있도록 한 산소는 물로부터 왔다는 것을 단계적으로 밝혔다. 그리고 식물체의 광합성에 의해서 빛 에너지가 다른 형태의 물질 화학에너지(chemical free energy)로 전환된다는 것을 알아내면서 광합성의 메커니즘에 대한 본격적인 연구가 시작되었다. 광합성에 의해 저장되는 에너지는 방대하다. 연간 약 10^{17}킬로칼로리가 광합성에 의해서 지구상에 저장되는데, 이 에너지는 약 10^{10}톤의 탄소가 탄수화물과 유기물로 되는 것과 일치하는 양이다.

광합성의 과정

광합성의 첫 번째 과정은 식물체나 광합성 미생물 내의 안테나에서 빛을 흡수하고 이 흡수된 빛 에너지에 의해서 식물체 내에서 물(H_2O)이 분해되어 산소(O_2), 양성자(H^+), 전자(e^-)가 발생하는 과정이다. 빛 에너지(Photon)는 물에서 발생한 전자를 에너지가 높은 전위 상태로 높이고 이러한 전자는 몇 단계의 고분자 물질에 전달되는 광합성계 II 과정을 거친다. 이때 물로부터 산소가 발생한다. 광합성계 I에 이르러 고분자 인산형 물질을 만든다. 이 물질들은 탄수화물 합성이나 수소 생산 등이 일어나도록 하는 각종 효소에 에너지를 공급하는 역할을 하며 높은 화학 에너지를 갖는다.

광합성 메커니즘에 의한 수소 발생

미생물과 수소생산효소

미생물을 이용해 수소를 만드는 방법은 미생물의 광합성 과정을 이용한다. 녹색 식물에서 일어나는 일반적인 광합성은 태양 에너지를 이용해 이산화탄소와 물을 산소와 탄화수소 화합물(포도당과 탄수화물 등)로 바꾸는 과정이다.

일부 미생물은 이 과정에서 수소를 만들기도 한다. 즉, 미생물을 이용하면 태양광을 직접 이용해 수소를 만들 수 있는 것이다. 이와 같이 수소가 만들어지는 이유는 녹색 식물에는 없

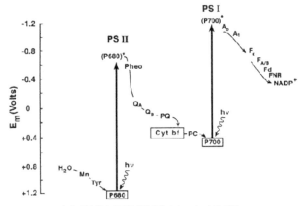

녹색 식물 및 녹조류의 광합성계(photosystem) I/II 과정.
P680, 식물의 색소인 클로로필에 있는 광합성 작용센터 QA와 QB,
결합된 플라스타퀴논 PQ, 유리핀 플라스타퀴논 / Cyt bf, b형 사이토크롬
/ PC, 플라스타시아닌 P700, 클로로필 광합성 작용 센터 / Fd, 페레독신

는 수소생산효소(hydrogenase)가 일부 수소 생산 미생물에 존재
하기 때문이다.

수소생산효소는 고대 미생물에서 유래하는 효소이며, 지구
생성 초기에 안 좋은 자연 조건에서 양성자를 수소 분자로 전
환시킨 효소인데, 최근에 수소 생산과 관련된 에너지 자원으
로 관심을 모으고 있다. 이 효소는 금속 이온을 갖는 대표적인
효소인데, 유독한 일산화탄소나 시아나이드가 이 효소의 활성
부위(active site)에 어떻게 결합할 수 있는가 하는 의문으로부
터 이 효소에 대한 연구가 시작되었다.

수소생산효소는 활성 부위에 금속 이온인 니켈과 철, 셀레
늄이 붙어있기 때문에 효소의 외부에서 내부로 전자를 옮기는

것으로 알려져 있다. 효소 구조는 아미노산이 길게 붙어 있는 물질 형태로 되어 있다. 이때 아미노산은 자신이 갖고 있는 구조나 전하에 의해 접히기 때문에 일부는 나선형으로 꼬이고, 또 다른 부위는 길게 늘어지는 구조를 갖는다. 이 구조물의 중심에 활성 부위가 있는데, 이 효소의 경우 금속 이온이 있어서 전자를 이동하게끔 하는 환경을 만든다. 이와 같은 구조물은 효소에 따라 다르지만 몇 개가 서로 모여 친수성 작용이 있는 곳에서는 수소를 옮기는 통로 역할을 하는 것으로 밝혀졌다. 아직도 밝혀지지 않은 미세한 작용들이 서로 영향을 주는 것으로 알려져 있으며, 이런 반응은 백금 촉매로 물을 분해하는 화학 반응과는 전혀 다른 메커니즘이다.

그러나 광합성을 하는 모든 미생물에 이러한 수소생산효소가 존재하는 것은 아니고, 일부에 의해서만 이러한 작용이 일어난다.

또한 이러한 광합성은 식물에서와 같이 공기 중의 이산화탄소를 흡수하여 이용하기 때문에 이산화탄소를 적극적으로 줄이는 기술이다. 미생물의 광합성 과정을 탄소의 이동 관점에서 보면, 광합성은 공기 중의 이산화탄소(CO_2)가 형태를 바꿔 광합성 미생물의 체내에 영양분[CH_2O]n으로 저장되는 과정이다. 즉, 이산화탄소 중의 탄소원자가 미생물 내의 포도당이나 탄수화물을 구성하는 탄소로 형태를 바꾸는 것이다. 따라서 이 기술을 이용하면 공기 중의 이산화탄소량을 줄일 수 있다.

수소가스 연구의 시작

약 100여 년 전 한 미국 생물학자가 냇가에서 형성되는 이끼류로부터 분리한 조류가 수소가스를 발생시킨다는 사실을 알아낸 후, 수소 관련 미생물에 대한 연구가 진행되었다. 그 당시 21세기에 닥치게 될 에너지와 환경 문제를 예견했는지는 모르겠지만, 최근 20~30년간 선진국을 비롯하여 화석 연료 자원이 빈곤한 나라들은 수소 에너지를 미래의 연료로 인식하기 시작하였다. 녹색 식물이나 조류(algae)는 빛을 이용하여 위에서 설명한 것과 같은 광합성 작용을 한다. 특이하게도 일부의 조류 중에는 광합성 과정 중에 수소를 생산하는 종류가 있다. 자연계에서 녹색을 띠는 녹조류와 청록색을 갖는 남조류가 있는데, 대표적으로는 세네코코커스, 클레미도모나스, 시아노박테리아 등이 있다.

자연계에는 녹조류나 남조류 외에도 수소를 생산하는 미생물이 무수히 많다. 광범위하게는 조류와 세균(bacteria)으로 나뉘고, 조류는 다시 녹조류와 남조류로 구분되며, 세균 중에서는 광합성 세균과 혐기성 세균들이 수소를 발생하는 것으로 알려져 있다. 이 중에서도 녹조류(다음 사진의 오른쪽), 남조류, 광합성 세균(다음 사진의 왼쪽)은 빛 에너지를 필요로 하는 반면, 혐기성 세균은 빛 에너지의 유무와 관련 없이 발효에 의해 자가 성장 및 수소 생산이 일어난다(발효는 고대부터 인류에게 알려져 있던 현상으로 현재도 과실주, 맥주, 빵, 치즈 등을 만들 때 이용되는데, 미생물이 자신의 효소로 유기물을 분해 또는 변화

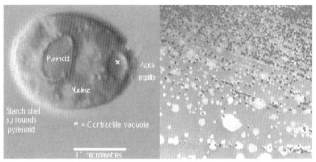

Chlamydomonas 세포와 군집(colony)을 이룬 Rhodobacter species.

시켜 각기 특유한 최종 산물을 만들어내는 현상이다. 즉, 유기물을 형태만 바꿔 또 다른 유기물과 이산화탄소로 분해하는 과정이라고 할 수 있다).

위 사진의 왼쪽은 클레미도모나스 균체 한 개의 현미경 사진으로 직경이 약 20마이크로미터이며, 오른쪽은 로도박터 라는 붉은색을 띠는 광합성 세균의 군집으로 각 세포의 크기와 모양은 클레미도모나스와 유사한 구형이다. 이 그림은 군집을 형성하며 자란 형태이다.

발효의 과정

발효는 효모의 작용에 의해 알코올이 생기는 현상으로 처음 그 실체가 밝혀진 것은 1857년, 프랑스의 생물학자인 파스퇴르에 의해서였다. 파스퇴르는 산소의 공급이 충분할 때는 효모의 번식이 강화되어 균체가 많이 생기므로 산소가 부족한 상태에서 발효력이 좋아진다는 것도 밝혀냈다. 따라서, 일반적으로 발효는 '산소가 부족한 혐기 상태에서 일어나는 유기물 분해 현상'을 일컫는다.

발효는 인간에게 좋은 면을 주는 미생물 작용이므로 비슷한 과정을 겪는 부패와는 구분된다. 발효가 일정한 온도, 습도, 산도, 영양 성분을 조절하여 원하는 미생물을 다량 자라게 하는 과정에서 일어난다면, 부패는 위의 환경 조건이 잘 맞지 않을 때 원하지 않는 미생물이 자라서 발효 과정을 방해한다든가 병원성 미생물이 오염되어 발효 미생물이 생육을 할 수 없는 경우를 말한다.

예를 들어, 곡류가 효모나 세균이 분비하는 효소에 의해 발효되면, 전분은 포도당으로 분해되고 포도당은 여러 가지 중간 물질을 거쳐서 에탄올로 발효되어 술이 된다. 우유의 경우도 단백질을 응고시켜 만든 치즈가 세균이나 곰팡이에 의해 발효되면 향기 좋은 숙성된 치즈를 만들 수 있다. 밀가루 반죽을 효모를 사용해 발효시키면 반죽 사이에 이산화탄소가 발생해 밀가루 반죽 중 전분이 분해되어 부드러운 조직의 빵이 된다. 산업적으로 이용되는 발효 과정은 그 방법에 있어 수많은 연구가 진행되고 있다. 이 글에서 소개하는 수소 에너지 발생을 비롯하여, 메탄 발효, 석유 화학 공업을 대치할 수 있는 원료 물질 아세트산, 젖산, 숙신산 등 많은 화합물을 만들어 내는 데 발효 과정이 이용되고 있다.

미생물은 말 그대로 아주 작은 생명체로 세균, 효모, 곰팡이로 구분되는데 이에 속하는 일부의 미생물이 발효를 할 수 있다. 유기물은 탄소(C), 수소(H), 산소(O), 질소(N) 원자가 결합되어 있는 물질이다. 우리가 매일 섭취하는 곡식의 주요 성분인 탄수화물은 일종의 유기물로 여러 개의 포도당($C_6H_{12}O_6$)이 화학적으로 단단하게 결합하고 있는 형태라 할 수 있다.

이러한 화학적 결합은 산이나 알칼리에 의해서도 분해될 수 있지만, 미생물이 만드는 효소에 의해서도 분해되는데 이러한 작용을 '발효'라고 한다. 산이나 알칼리 분해에 비해 발효는 여러 가지 효소가 복합적으로 유기물에 작용해 발효 과정 중 향미를 갖게 하거나 발효 음식을 씹는 느낌을 부드럽게 만드는 부가적인 장점이 있다. 김치나 치즈, 빵과 같은 발효 음식에 대한 기호는 이와 같은 데서 오는 것이다. 재미있는 것은 미생물 자체가 이러한 유기물의 단단한 화학 결합을 자르는 것이 아니라 미생물이 자라면서 외부로 분비하는 효소가 분해 작용을 한다는 것이다. 이와 같은 사실이 밝혀진 것은 1897년 생물학자인 뷰흐너(Buchner)에 의해서였다.

수소를 생산하는 발효 작용

수소생산효소는 영어로 hydrogenase이다. 이 효소는 언급한 대로 수소를 발생시키기도 하지만 이미 발생된 수소를 분해하기도 해 가역적으로 작용한다. 이와 같은 수소 발생(환원)과 수소 분해(산화)는 미생물이 갖는 고유의 특징으로 미생물이 성장하는 도중에 필요한 에너지 대사와 긴밀하게 관련되어있다.

혐기성 세균은 일반적으로 수소생산효소에 의해 수소 발생과 분해 대사가 일어나게 된다. 그러나 광합성 세균은 좀 까다롭고 복잡해서 어떤 효소가 수소 발생과 분해에 관여한다고 간략하게 설명하기는 어렵다.

사실 광합성 세균에는 여러 가지 종류가 있다. 이들의 대부분은 '아키아'라고 불리는 미생물로서 원시 시대부터 오랜 시간 동안 극한 환경에 적응하였기 때문에 이에 대응하는 다양한 유전 정보를 갖고 있다. 후에 설명을 덧붙이겠지만 광합성 세균으로부터 수소가 발생하는 데 기여가 높은 효소는 '질소고정효소'이다. 그러나 일부의 세균은 어떤 환경에서 배양하는가에 따라 수소생산효소에 주요 역할을 하기도 하고 그 외에 제3의 효소가 관여하기도 한다는 사실이 종종 전문 학술지에 보고되고 있다. 수소생산효소가 질소고정효소를 만드는 유전자를 모두 제거해도 수소가 발생한다는 사실이 이를 뒷받침해주고 있다.

빛의 파장과 수소 생산 미생물의 활동성

빛의 파장은 다음 그림과 같이 나타낼 수 있다. 식물의 광합성은 이 중에서도 가시광선에서 일어난다. 거의 모든 식물과 녹조류는 녹색 색소인 클로로필을 갖고 있는데, 가시광선 중 녹색을 제외한 모든 파장의 빛을 흡수한다. 수소 생산을 하는 광합성 세균 중 홍색 세균 카로티노이드나 클로로필은 가시광선을 이용하지만, 본문에서 언급한 대로 성장과 수소 생

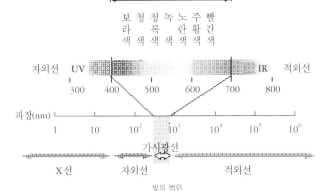

식물·녹조류 광합성 파장 영역

보 청 청 녹 노 주 빨
라　　록　란 황 간
색 색 색 색 색 색 색

자외선　UV　　　　　　　　　　　IR　적외선

300　　400　　500　　600　　700　　800

파장(nm)

1　　10　　10^2　　10^3　　10^4　　10^5　　10^6

가시광선

X선　　　　자외선　　　　　　적외선

빛의 범위

산에는 장파장이 유리하다.

식물체가 태양광을 받아서 나무를 자라게 하고 우리가 매일 먹는 식량을 만드는 것을 에너지양으로 환산해 보면 연간 10^{10}톤 이상의 탄소가 탄수화물이나 다른 유기 물질로 변환되는 양이다. 광합성은 식물체에 의해서 진행되는 상당량의 에너지 생산 과정인 동시에 이산화탄소를 공기 중에서 제거하고 이용하는 것이지만, 사실상 자연에서 나무나 곡식류 등으로 전환되는 태양광 효율은 재배, 추수, 성장 과정 중에 발생하는 손실 등을 고려할 때, 보통 1% 미만이다.

이와 같이 태양광 변환 효율이 낮은 이유는 녹색 식물이나 조류에서 발생하는 광합성 작용 자체가 태양광과 같은 높은 광도, 즉 태양광의 약 10-20%에 해당하는 빛의 세기 이상에서는 효율적으로 일어나지 않기 때문이다. 빛의 세기 증가는 광합성 효율을 증가하지 않으며 어떤 경우에는 오히려 식물체나 녹조류의 광합성에 치명적인 피해를 주기도 한다. 광합성 작용은 비추는 빛의 파장과 세기에 밀접한 관련이 있다는 것을 알 수 있다.

녹색 식물이나 녹조류가 태양광을 이용할 때 모든 파장을 이용해 광합성을 하는 것은 아니다. 가시광 파장(400-700나노미터) 중에서도 470-650나노미터 사이에서 식물의 광합성 효율은 가장 좋으며, 450-470나노미터에서 가장 낮다. 680나노미터 이상에서는 식물이 빛을 흡수하기는 하지만 광합성 효율은 급격히 감소한다.

그러나 이와 같은 현상이 모든 수소 생산 미생물에 해당되는 것은 아니다. 붉은색을 띠는 광합성 홍색 수소 생산 세균의 경우는 PSI만을 이용하므로, 세균 특유의 빛을 받는 안테나가 80나노미터 이상인 적외선 파장에 있게 된다. 따라서 광합성 효율은 800~830나노미터에서 가장 높다. 반면, 400~700나노미터나 짧은 파장에서는 균체 성장이 늦어지고 수소 생산도 일어나지 않는다.

다음 식을 살펴보자. 조류 중 녹색을 띠는 녹조류에 의한 광합성 수소 생산은 식물이나 조류에서 발생하는 광합성 작용과 같은 공정을 거친다. 광합성은 앞에서 이야기한 바와 같이 두 개의 서로 다른 광합성계인 광합성계I과 II를 단계적으로 거친다. 첫 번째로 거치는 광합성계II에서는 물을 분해하고 산소를 발생한다. 두 번째로 거치는 광합성계I에서는 환원체인 전자전달체(Ferredoxin, Fd)을 생산하며 전달된 전자를 양성자에게 주어 수소를 발생하게 한다. 이때, 수소 발생을 가능하게 하는 효소가 수소생산효소(hydrogenase)이다.

$$H_2O \xrightarrow{\quad} PS\ II \rightarrow PS\ I \rightarrow FD \rightarrow Hydrogenase \rightarrow H_2$$

O_2 ↖ $4e^-$
$4H^+$

이와 같이 빛 에너지를 이용한 미생물 광합성 작용을 통해 물을 직접 산소와 수소로 분해하는 기술이 성공적으로 개발된다면, 이 기술은 물로부터 수소 에너지를 대량 생산하고 산소를 발생하여 환경을 정화할 수 있는 이상적인 기술이라고 할 수 있다. 그러나 현재 기술로는 상용화하기 위해 해결해야 할 많은 어려움들이 남아있다. 일례로 광합성 작용에 의해 물로부터 발생되는 산소가 수소 발생에 관여하는 효소인 수소생산효소의 작용을 저해한다. 따라서 과정상 미생물은 잠시 수소를 생산하다가 산소 농도가 높아지면 수소 발생을 멈춘다. 이러한 저해 작용을 극복하기 위해 현재 여러 가지 기술이 개발되고 있다. 공학 연구에서는 발생되는 산소와 수소를 즉시 분리하여 이 효소와 접촉하지 않도록 하는 방법을 시도하고 있다. 더불어 분자생물학 연구에서는 산소에 민감하지 않은 효소 유전자를 개량하는 방법을 연구하고 있다.

수소생산효소(Hydrogenase)

수소와 산소는 섞이면 잘 알려진 것과 같이 많은 에너지를 내면서 타게 된다. 즉, 수소는 산소가 있는 곳에서 불꽃을 당기면 타고, 동시에 산소도 수소가 있는 곳에서는 연소한다. 이러한 특징 때문에 우주선에 설치된 로켓 엔진이 강한 추진력을 갖기 위해 액체 수소와 액체 산소를 연료로 사용하는 것이다. 화학적으로 말하자면 수소는 강한 환원제이고, 산소는 강한 산화제이다. 하지만 단순하게 두 가스를 용액에 넣는 것만으로는 강한 결합 잠재력이 있어도 두 물질의 반응을 가능하게 하는 제3의 물질인 촉매가 없으면 대기 중의 온도에서는 반응하지 않는다.

로켓 엔진이 산소-수소 반응에서 에너지를 공급받는 것과 유사하게 생물체도 산소-수소 반응으로부터 생명 현상을 유지하기 위한 에너지를 받는다. 그러나 생물체에서 일어나는 산소-수소 반응은 로켓 엔진에서 일어나는 것과는 다른 형태를 가지고 있다. 주요한 메커니즘은 생물체 내의 에너지 물질을 만들기 위해서 수소(H_2)를 분해해 발생하는 양성자(H^+)를 만드는 것이다. 양성자는 다시 세포 내의 에너지를 공급할 수 있는 제3의 물질과 결합한 후 세포 내의 막을 통과하게 되는데, 이러한 반응은 세균 내에 촉매라고 할 수 있는 수소생산효소에 의해 아주 정교하게 조절되고 있다. 수소생산효소는 수소 (H_2)를 양성자(proton 또는 hydron, H^+)와 전자(electron, e^-)로 산화하고, 분해된 양성자와 전자는 결국 산소와 결합하여 물이 발생하게 된다. 그리고 이의 역방향도 일어날 수 있다.

수소생산효소는 대단히 복잡하고 세포 내에서 중요한 역할을 하지만, 세포막 주변의 막 안쪽과 바깥쪽에서 간단하고 편리하게 수소와 산소 사이를 왕래한다. 대장균 같은 단순한 세균이나 우리 몸을 구성하는 수십억 개의 세포는 공통점이 있다. 각 세포에는 세포막이 있어서 필요한 물질이 안으로 들어가고, 필요 없는 물질이 밖으로 나올 수 있는 펌프와 같은 장치가 있다. 이러한 펌프를 작동하는 힘은 여러 가지가 있다. 농도나 전하 차이가 바로 그것이다. 부연해 설명하자면, 농도가 한 쪽이 높을 때 자연적으로 낮은 곳으로 가게 되는데, 양이온이나 음이온에 의한 막 사이의 전하 차이에 의해서 이동이 일어나는 것이다.

수소생산효소는 원래 세포질(cytoplasm)에 존재하면서, 전자와 양성자를 환원하여 수소를 만들면 수소는 쉽게 확산되어 막 바깥으로 나가게 된다. 나간 수소는 수소소비효소(uptake hydrogenase)에 의해 다시 전자와 양성자로 분해되고 전자는 쉽게 전자 전달 단백질에 의해서 세포질로 들어와 전자 공여체(전자를 다른 물질에 줄 수 있는 화합물)가 그것을 받는다. 반면 양성자는 생체 내의 고분자 에너지 물질인 ATP생성에 쓰인다. 즉, 수소가스는 세포 내에서 만들어지며, 궁극적인 역할은 세포 내의 에너지를 보존하는 것이다.

현재 우리가 미생물을 키워서 수소를 얻으려는 방법은 세포가 쓰고 남은 잉여의 수소가스를 미생물 밖으로 내보내 이를 수집하는 것에 불과하지만, 발달된 유전자공학 연구에서는 세포 내 에너지 대사에 관련한 경로를 축소시키거나 수소소비 효소를 퇴화시켜 세포 내에서 만들어진 수소를 다량 밖으로 내보내도록 하기도 한다. 이외에도 미생물의 종류에 따라 몇 가지의 다른 메커니즘이 있지만 이 책자에서는 생략한다.

이 효소는 광합성을 하는 미생물과 빛과 산소가 없는 상태에서 사는 미생물 양쪽 모두에서 그 역할을 할 수 있다. 광합성을 할 때의 환경에서, 빛이 미생물에 있는 광합성 메커니즘에 의해서 물을 두 개의 양성자와 산소로 분해하면, 이 효소는 발생한 양성자와 전자를 수소로 환원하는 역할을 한다. 이때에 에너지를 공급하는 물질은 광합성계I(PS I)에서 생성된 높은 화학에너지를 가진 고분자 물질인데 이를 니코틴 아마이드 디포스페이트 하이드로젠(nicotine amide di phosphate hydrogen, NADPH)이라고 부른다.

다음 그림은 수소생산효소로 직경 약 2나노미터 정도의 복잡한 구조를 가진 단백질이다. 그 중심에는 금속 이온이 있어서 활성의 보조 역할을 한다. 종류는 작용의 특징에 따라서 13개 그룹으로 나누어지며, 미생물에 따라서는 발생된 H_2를 다시 H^+와 e^-로 분해하는 역할을 하는 역방향 수소생산효소(reverse hydrogenase)가 동시에 존재하기도 한다. 식물체 내에는 수소 발

생을 유도하는 효소가 존재하지 않으므로 양성자(H^+)를 수소(H_2)로 환원하지 않고, 녹색 식물에서는 수소가 발생하지 않는 대신에 이산화탄소를 고정하여 유기물질로 전환한다. 그러나 수소를 생산하는 녹조류는 이산화탄소를 고정하여 광합성계II와 I을 거치면서 탄수

(Fe)-hydrogenase의 3차원 구조.

화물을 자체 내에 축적하고, 동시에 양성자를 수소가스로 환원시킬 수도 있다.

세균 내에서 발생하는 수소가스의 순환, 즉 대사를 우리는 수소 에너지를 얻으려는 긍정적인 면으로 활용하려 하지만, 철제 용기를 터뜨리는 것 같이 산업에 해를 끼치는 경우도 있다. 철제 용기가 터지는 현상은 철과 수소가 반응하기보다는 표면에 사는 수소 생산세균이 수소가스를 발생하고 철제 용기의 벽에 생긴 수분이 수소와 서로 반응해서 열을 줄 때 일어난다. 앞에서 언급한 바와 같이 철은 수소생산효소의 작용을 보조하는 코펙터(cofactor)이기 때문에 철제 용기가 이러한 피해의 대상이 되는 것이다. 근본적인 해결책은 없지만 세균 방지제 등을 철제 용기에 코팅하면 소형 용기 등에서 발생하는 이러한 문제점을 해결할 수도 있다.

수소를 생산하는 질소고정효소(nitrogenase)

   자연계에서 수소를 만들어내는 미생물 효소는 위에서 언급한 수소생산효소 외에도 질소고정효소가 있다. 질소고정효소는 일부 광합성 미생물과 콩과 식물에 존재하는 것으로 공기 중에 있는 질소(N_2)를 암모니움 이온(NH_4^+)으로 환원하는 역할을 한다. 최종적으로 암모니움 이온은 단백질 합성에 쓰인다. 질소고정효소는 주변에 질소가 없으면 양성자(proton H^+)를 수소(H_2)로 환원하는 작용을 한다. 좀더 정확하게 나타내면 질소가 충분히 있을 때, 반응에 관여하는 전자의 약 75% 가량은 질소를 암모늄 이온으로 환원하고 나머지 25%는 양성자를 수소로 환원하도록 분배한다. 그러나 앞에서 설명한 바와 같이 질소가 없으면 모든 양성자는 수소로 환원된다. 질소 고정 능력이 있는 미생물 내에서 이러한 반응은 여러 단계를 거치는 복잡한 경로이지만 총괄적으로 정리해서 한 개의 식으로 표시하면 다음과 같다.

   질소(N_2) + 8 전자(e^-) + 10 양성자(H^+) + 16 ATP
   → 2 암모니아(NH_4) + 수소(H_2) + 16 ADP + 16 Pi

   이 식에서 아데닌 트리 포스페이트(adenine tri phosphate, ATP)라는 물질은 세포 내에서 에너지를 갖는 물질인데, 만약 1분자의 포도당이 세포 내에서 분해된다면 총 2개의 ATP가 생기며, 이는 다른 에너지가 필요한 곳에 사용된다. 1개의 ATP가 축적되었다는 것은 7,300칼로리가 생겼다는 것을 의미한다. ATP가 16개나 소모된다는 의미는 이러한 반응이 그리 쉽게 일어나지 않으며, 에너지가 많이 필요한 과정임을 의미한다.

보통 이런 종류의 수소 생산은 광합성 작용으로 에너지를 얻는 홍색 유황 세균에서 많이 관찰되는데, 일부의 시아노박테리아 중 질소를 이용하여 생명력을 갖는 질소 고정 시아노박테리아가 이러한 효소를 갖는다. 그러나 이와 같은 질소고정효소에 의해서 만들어진 효소는 미생물 내에서 만들어지는 수소소비효소에 의해서 많은 양이 없어진다. 또한 이 효소는 그 크기가 수소생산효소보다 커서 분자량이 약 200~240킬로달론(KDa)이나 된다. 또한 수소생산효소와 비슷하게 철과 몰리브덴 같은 금속 이온이 있어야 효소의 작용을 할 수 있다. 수소생산효소와 마찬가지로 질소고정효소도 산소가 있으면 수소를 생산하는 작용을 할 수 없다. 이 효소들은 산소에 노출되면 그 작용이 저해되며, 일단 노출된 다음에는 산소를 제거한다고 해도 다시 작용을 하도록 원래의 상태로 돌릴 수는 없다.

생물학적 수소 에너지 생산 기술

수소생산효소들은 미생물 내부에 존재하면서 세포가 수소를 발생하도록 하는 생체 내 촉매이다. 미생물이 이 효소에 의해서 생산한 수소를 최대한 밖으로 내도록 유도하여 수소 에너지로 활용하자는 것이 '생물학적인 수소 에너지 생산 기술'

이다. 그러나 이미 '미생물 내에서(in-vivo) 어떠한 메커니즘이 수소 생산을 하는가?'에 대한 많은 부분들이 밝혀져 이제는 최첨단의 기술로 수소생산효소를 밖으로 꺼내어 마치 화학반응과 같이 물이나 유기물로부터 수소가스를 그야말로 펑펑 내는 기술을 개발하고 있다. 이와 같이 수소생산효소나 그 생체내 시스템을 생물체 밖, 즉 실험실에서 가동하는 것을 생체외(in-vitro)라고 하는데 이와 관련한 연구가 국내외에서 일어나고 있다.

미생물을 키우면서 수소를 생산하는 'in-vivo 기술'은 일반적으로 생산 비용이 적게 드는 장점은 있지만, 수소를 발생하기 위해서는 조절해야할 외부적인 조건이 많다. 온도, 산도, 영양물질의 균형, 교반, 산화-환원 전위, 광합성 미생물 경우는 빛의 조명도나 파장이 그것이다. 미생물 자체가 수소를 발생할 수 있는 효율에도 한계가 있다. 위에서 언급한 in-vitro 기술은 위의 단점을 극복할 수 있는 첨단 기술이나 아직은 해결해야할 많은 문제가 있다. 가장 어려운 문제는 공기 중에 산소가 있으면 수소생산효소가 수소 생산을 할 수 없다는 것이다. 만약 in-vitro 기술이 성공적으로 개발된다면, 즉 값싸게 화학적으로 합성한 효소가 공기 중에서도 작용한다면, 미생물을 이용한 수소 생산은 더욱 산업화에 가까이 다가갈 것으로 기대된다.

미국의 한 국가 연구소 보고서는 이 기술이 전분이나 셀룰로즈 같은 포도당이 결합되어 있는 고분자 물질을 이용하여 상당량의 수소를 생산해 낼 수 있는 기술이라고 설명하고 있다. 더욱 이 기술이 강조하는 것은 수소를 만들 때 전분에 탄소 원자가 있음에도 불구하고 이산화탄소가 발생되지 않고, 신문지와 같은 버려지는 자원을 이용할 수 있다는 점이다. 전분과 셀룰로즈는 포도당이 화학적으로 결합되어 있는 물질로 우리가 곡식으로부터 섭취하는 대부분의 물질이 이것이다. 셀룰로즈는 나무나 펄프 등의 주된 성분으로 전분보다는 포도당이 더욱 단단하게 결합되어있는 형태이다.

미국에서 수거 가능한 폐신문지의 양을 셀룰로즈(포도당 분자가 결합되어 있는 고분자 물질로 나무나 종이의 단위 구성을 이룬다)로 환산하면 약 726만 톤으로 추정된다. in-vitro 기술을 이용하여 셀룰레이스(셀룰로즈를 분해하는 효소), 글루코오스 디하이드로제네이스, 수소생산효소를 순차적으로 적용하면 수소가 만들어지는데 그 양은 약 10억 입방미터이다. 이 양은 연간 인구 27,000명 정도인 미국 테네시 주 오크리지시 크기의 도시 37개에 도시 가스를 공급할 수 있는 양이라고 한다. 또한 in-vitro 기술을 잘 활용하면 전기 물 분자로 수소를 만들 때 사용하는 비싼 백금 촉매 대신 생체 촉매를 사용하여 수소 생산 비용을 줄이고 값싼 수소 에너지를 만들어 내는 것을 현실화 시킬 수 있을 것으로 보인다.

그렇다면 자연계 미생물이 만드는 수소생산효소를 인위적으로 만들거나 대체하는 것으로 화석 에너지를 신재생 에너지로 대치할 때 가장 먼저 떠올릴 수 있는 에너지원은 태양 에너지일 것이다. 마찬가지로 전문가들은 여러 종류의 바이오 에너지 중에서도 태양광을 이용할 수 있는 방법에 초점을 두고 있다. 수소생산효소의 생체 유사 모델 연구는 이미 생화학자와 화학자들에 의해 시작되고 있다. 이러한 연구의 장기적인 목표는 전기와 수소가스를 값이 싸고 구조나 역할이 안정적인 효소를 촉매로 합성하는 것이다. 이러한 촉매는 태양 에너지로 수소를 생산할 수도 있고, 또 이 수소를 연료 전지 형태로 전력화하는 일을 실현시킬 수 있다. 현재는 백금과 같은 값비싼 금속이 촉매로 쓰이는데 이 같은 백금의 촉매제화는 수소 생산 단가를 높일 뿐 아니라 백금의 제한된 생산량으로 인해 수소 경제 시대의 경쟁력을 갖추지 못하게 된다. 미래형 맞춤형 대용량 시설에 필요한 백금의 양을 확보한다는 것은 쉬운 일이 아니기 때문이다.

한편 이를 대체하기 위해 백금 이외의 수소생산효소를 실제로 적용한 예가 1999년 보고되었다. 탄소 전극에 수소생산효소를 흡착시켜서 수소 발생 효율을 백금 정도로 높였다고 보고되었으나, 효소가 공기와 접하면 활성이 떨어져 금속인 백금만큼의 안전성을 확보하지 못해 장기간 사용은 어려웠다고 한다.

수소생산효소에 대한 연구에서 어려운 점 중의 하나는 수소생산효소가 갖는 효소로서의 특이성이 다른 효소에 비해서 크다는 것이다. 이 효소는 수억 년 전부터 지구상에 존재하는 미생물로부터 유래한 물질로 오랫동안 진화되어오면서 현재

의 형태, 구조, 결합 특이성을 갖게 되었기 때문에 인위적으로
합성하기에는 상당한 기간이 소요된다.

광합성 미생물 수소 생산 사례

미생물이 수소 에너지를 만들어 낼 수 있는 방법은 위에서
설명한 것과 같이 여러 가지가 있다. 이 중에서도 가장 매력적
인 방법은 지구에 무한하게 쏟아지는 태양광을 적절하게 이용
하는 것이다. 자연에 존재하는 일부 광합성 미생물은 태양광
을 받으면 자체 내의 광합성 메커니즘에 의해서 빛의 파장을
생존에 필요한 화학에너지로 전환한다. 이러한 성장 단계를
거치면서 부수적으로 수소가 발생된다고 보고되었다.

이러한 특성을 이용한 몇 가지 사례가 1995년 이후에 실험
실 규모를 벗어나 대형화된 시설로 개발되어 흥미를 끈다. 실
제 1990년대 초반부터 일본을 비롯한 미국, 독일에서 생물학
적 수소 생산이 연구되었는데, 대형화시설 연구가 시작된 것
은 1995년부터였다고 한다.

이러한 시설은 곧 상용화 할 수 있는 규모로 연결되지는 않
았지만, 화석 에너지의 고갈에 의한 에너지 공급 문제와 환경
문제가 더욱 심각해져서 수소 에너지 경제 체계로 도입할 때
를 대비한 충분한 사전 대비이며 기술의 타당성 검토라는 점
에서 상당한 가치가 있다 하겠다.

또한 미생물을 이용한 수소 생산은 청정 에너지인 수소를

만든다는 목적 외에도 산소 발생, 공기 중 이산화탄소 고정, 식품 공장 폐수나 음식 쓰레기와 같은 유기성 폐기물 처리 등 환경에 이로운 방향으로 사용될 수 있을 뿐 아니라, 미생물 자체가 갖는 상업성 또한 높아서 생물 산업으로도 활용할 수 있다. 광합성 미생물로 생산할 수 있는 의약품으로는 베타카로틴, 코엔자임 각종 비타민류, 천연 색소(클로로필), 피부암 치료제 등이 있다. 이러한 기술의 다양성은 수소 에너지 생산을 목적으로 개발되긴 했지만, 환경 산업이나 생물 산업으로 그 목표를 전환하여 여러 기술로 활용할 수 있다는 장점이 있다. 다음에 소개할 미국의 사이아노텍은 이와 같이 기술의 다양성을 활용한 좋은 예이다.

바이오매스 미리보기

미국의 사이아노텍은 하와이 섬 주위의 수심이 낮은 바다를 이용하여 마치 자동차 경기장 같은 형태의 시설에 녹조류(Green algae)를 키웠다. 녹조류는 이산화탄소와 태양광을 흡수하여 자체 내의 광합성 작용에 의해 성장하며, 녹조류에는 탄수화물, 지방, 단백질과 같은 저장 물질이 쌓인다. 이러한 것은 나무가 자라서 숲이 무성해지는 것과 같은 임산 바이오매스와 비교해서, 보통 조류 바이오매스라고 부른다.

부연해 설명하자면 조류 바이오매스는 녹조류라는 미생물 자체가 많이 증식하여 모인 상태를 일컫는다. 이는 호수에 이끼 같은 것이 자라서 마치 호수 자체가 녹색을 띄는 것 같이 보이는 상태인데, 자세히 보면 녹조류 하나하나가 많은 수로 증식하여 모여 있는 형태이다.

우리나라는 국토의 삼면이 바다로 둘러싸인 나라지만, 해양 산업이 그리 발달되지는 않았다. 그리고 북반구에 위치한 우리나라가 면한 바다의 수온은 높지 않아서 조류 바이오매스란 것이 좀 생소한 자원으로 들릴지 모르지만, 섬이 많고, 열대나 아열대 지방의 바다나 호수 내에 쌓이는 수초나 조류는 태양광을 이용해서 일년 내내 성장하는 그 양이 상당하다. 미국 에너지 성(U.S. Department of Energy)은 수소를 생산할 목적으로 이러한 개발 사업을 지원했지만, 현재 이러한 조류 바이오매스는 '베타-카로틴이라는 비타민 전구체인 의약품의 제조 원료로 미국 시장의 30% 이상을 차지하고 있다. 또한 조류 바이오매스는 알라스카 산 게(crab)의 먹이로 수출되어 수산업 시장에서도 상당한 수익을 올리고 있다. 이 곳에서 생산된 조류 바이오매스는 현재는 생물 산업과 사료용의 타 용도로 활용되고 있지만, 미래 에너지를 위한 수소 발생 연구에도 쓰이는데, 이들은 투명 플라스틱 관을 경사지도록 해변에 설치하여, 수소 생산세균이 조류 바이오매스를 먹이로 하여 수소를 발생하는 장치를 고안하였다. 이때 발생한 가스는 경사면을 따라 올라가면서 배양액을 섞어주는 효과가 있다. 이와 동시에 수소는 위쪽에 모여서 저장된다. 이를 Internal gas exchange type reactor(내부 가스 순환형 배양기)라고 부른다.

한편, 일본에서 개발된 태양광을 이용한 수소 생산 시설은 기

내부 가스 순환형 수소 생산 시설.

발한 아이디어로 건설되어 있다. 호수나 바다 위에 투명유리나 플라스틱으로 덮개를 씌운 배를 띄워서 수소를 생산하는 기술이다. 그림 상의 배를 자세히 보면 세 부분으로 구성되어 있다. 유기물과 태양광을 이용하는 붉은색 광합성 세균(*Rhodobacter sphaeroides*)이 액체와 섞여 있는 반응기가 투명 덮개 아래에 있고, 한쪽에는 미생물의 먹이가 되는 유기물을 공급하는 파이프가, 다른 한쪽에는 만들어진 수소가 나가는 파이프가 있다. 이 파이프는 탱크에 연결되어 수소를 계속 저장하고 있다. 이 세균은 반응기 내에서 태양광을 받고, 공급된 유기물로 자신의 수소 생산 공장을 가동한다. 이러한 장치를 부표형 반응기(floating type reactor)라고 부르며, 바다나 호수에 띄우기 때문에 자연적으로 흔들려서 미생물과 영양분을 인위적으로 섞을 필요가 없고, 바다나 호수의 수온이 비교적 일정해서 온도 조절에 유리하다는 장점이 있다.

이외에도 국토 면적이 좁은 나라에서는 공장 건설부지 확보가 좋으며, 공장 폐수나 폐자원을 유기물 공급에 이용한다면 더욱 훌륭한 아이디어가 될 수 있다. 이 기술을 이용하여 일본의 한 중공업회사가 동경 만에 약 800리터 규모로(길이 4m, 폭 2m, 깊이 0.1m) 투명 아크릴을 이용한 장치를 만들어 1997년 여름 약 3개월여 기간에 걸쳐 시운전을 했는데, 수소를 하루에 약 400리터 가량 생산한 것으로 보고되고 있다.

필자의 연구팀에서는 바다에 반응기를 띄우는 대신 건물 옥상의 태양광으로 수소를 생산할 수 있는 광합성 세균을 이용하였다. 얇은 판 모양의 200리터 규모 반응기를 지난해 가동하였는데, 본 연구에서는 일본과는 달리 세균을 유전공학적으로 개선하여 자연계에 존재하는 것보다 약 3배 이상 수소 생산을 증가시킬 수 있었다.

옥외에 설치된 수소 생산 시설은 '평판형 수직 반응기(flat

옥외에 설치된 수직 평판형 광합성 배양시설.

물위에 설치한 부표형 수소 생산 시설.

vertical type)'로 이름 하였으며, 식품 공장(두부, 주정) 폐수를 전처리 후에 미생물의 먹이로 공급하였다. 장기간 이 시설을 가동한 결과 몇 가지의 실질적인 어려움에 부딪쳤다. 우리나라 위도에서의 태양광 세기는 약 1kw/m² 정도인데, 이는 미생물이 직접 이용하기에는 너무 강한 세기여서 적당한 그늘이나 필터가 필요하다는 것이다. 또한 미생물은 최적 생육 온도에서 수소를 발생할 수 있기 때문에 계절의 변화나 밤과 낮 기온 변화도 장애 요건이었다.

이 외에도 이색적인 연구를 소개한다면, 오래 전부터 선진국을 중심으로 우주 정복의 꿈과 유사한 강도로 해저 세계 개발에 대한 연구가 진행되어 왔다는 것이다. 그러나 이에는 몇가지 어려움이 존재했는데 가장 큰 어려움 중의 하나는 '태양광을 어떻게 수십 수백 미터 아래로 끌어 들이는가'였다. 다행히 이제는 광섬유(optic fiber)를 이용해 그 문제를 해소하게 되

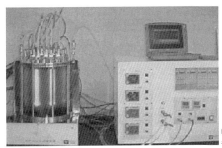
내부 조명형
수소 생산 배양기.

었다. 이와 비슷한 방법이 광합성 미생물의 수소 생산에서도
한 가지 기술로 개발된 사례가 있다. 즉, 옥외에 태양광을 모으
는 집광 장치를 설치하고 광섬유에 모아진 빛을 선으로 운반하
여 반응기 내부에 넣으면, 실내에서도 태양광을 이용하여 광합
성 미생물을 키울 수 있는 기술이다. 이러한 장치를 내부 조명
형 배양기(Internal irradiation type reactor)라고 명명하였다.

이 장치는 수소 발생에 이용함과 동시에 고부가가치 의약
품도 생산하는 것을 목적으로 하였다. 현재까지 일본의 구보
타(Kubota)라는 기업에 의해 연구가 진행되었으며, 소규모 연
구였지만 해저 도시를 위한 미래 에너지 기술로서의 그 가능
성을 연구하는 흥미로운 개발 사례라 할 수 있다.

바이오매스와 수소 에너지

바이오매스란?

　'바이오매스'란 광합성에 의하여 생성되는 다양한 조류(藻類) 및 식물 자원, 즉 나무, 풀, 농작물의 가지, 잎, 뿌리, 열매 등을 일컫는다. 하지만 근래에는 이보다 광범위한 의미로 모든 산업 활동에서 발생하는 유기성 폐자원, 예를 들면 톱밥, 볏짚 등과 같은 농·임업 부산물, 하수 슬러지(sludge)를 포함하는 각종 유기성 산업 슬러지, 음식 및 농수산 시장에서 발생하는 쓰레기, 축산 분뇨 등을 모두 바이오매스 자원이라고 한다.

　바이오매스 자원인 농작물과 산림은 공기 중 이산화탄소와 태양 에너지를 이용하여 식량을 생산하면서 산소를 발생하는 이로운 자원이지만, 이외에도 축산 분뇨, 산업 슬러지 등은 토양과 하천 오염의 주원인으로 골치 아픈 바이오매스 자원이기도 하다. 현재는 이러한 바이오매스 자원의 양면성을 경험하면서, 궁극적으로 생활에 이롭고 환경 피해를 최소화하는 방향으로 바이오매스 자원을 활용할 수 있는 '바이오매스 자원의 에너지화'를 꾀하고 있다.

현재 지구상에는 건량으로 약 1.8~2조 톤의 바이오매스가 존재하며, 약 10%에 해당하는 2,000억 톤의 바이오매스가 광합성에 의해 임산물과 농산물 형태로 매년 생성되고 있다. 즉, 지구상에서 받는 태양 에너지의 약 0.1%가 바이오매스로 축적되고 있는 것이다. 생성된 바이오매스의 에너지 환산량은 약 7.2×10^{10} toe(에너지로 환산한 톤, ton of energy equivalent, 1toe는 ton of energy를 의미함)[2]로 연간 약 76억 toe, 화석 연료 소비량의 약 10배에 해당한다. 현재의 기술로 수집 가능한 폐기물 바이오매스를 에너지로 이용한다면 농업 부산물에서 약 8억 toe, 임산 폐기물에서 약 5.5억 toe, 그리고 축산 폐기물에서 약 8.5억 toe, 도합 약 22억 toe의 바이오에너지 개발이 가능하여 전 세계 연간 에너지 소비의 약 30% 가량을 충당할 수 있다. 하지만 이와 같이 전량의 바이오매스 자원을 에너지화 하기 위해서는 폐기물의 수집과 바이오매스 작물의 재배와 함께 바이오매스를 에너지로 변환할 수 있는 다양한 기술의 확보가 불가피한 상황이다. 우리나라도 국민 경제 발전과 적극적 산림 보호 정책에 따라 상당량의 바이오매스 자원이 축적되고 있으나, 경제 규모의 확대에 따른 각종 유기성 폐기물이 증가하여 바이오매스 자원의 처리가 문제시 되는 상황이다.

바이오매스의 생산량 검토

그러면 어떠한 바이오매스가 가장 적합한가를 살펴보자. 가장 먼저 고려해야 할 점은 '그 양이 우리나라에 얼마나 많이 있는가', 그리고 '수거하기가 편리한가' 하는 점이다. 에너지 공급 측면에서 부존 및 가용 자원량을 볼 때 미래의 이용 가능성이 가장 높은 바이오매스는 전 세계적인 규모로는 역시 캐나다나 스웨덴 같은 산림 국가에서 다량 발생하는 임산자원, 브라질 등의 농업 국가에서 발생하는 사탕수수, 옥수수대와 같은 농업 부산물 및 폐기물, 그리고 폐지, 폐목재 성분을 들 수 있다.

그러나 국내의 바이오매스 자원은 좀 다른 면을 띠고 있다. 우리나라의 바이오매스 자원을 농산, 임산, 축산, 산업, 도시 바이오매스 자원으로 분류할 때 임산 바이오매스가 차지하는 부분은 극히 미약한 편이다. 환경청 통계에 의한 전체 바이오매스 중 임산 바이오매스는 약 50%가 넘지만, 이 중 97%는 국토 보존, 생태계 보호, 조경 등의 목적을 갖는 영구 보존림으로 바이오매스 자원으로 사용할 수 없어 폐 자원량은 불과 약 3% 정도밖에 되지 않는다. 결론적으로 국내의 임산 바이오매스 자원은 그리 풍부하지 않다 할 수 있다. 반면 국내에서 발생하는 바이오매스 자원 중 가장 가용량이 높은 자원은 도시 바이오매스 중 음식 쓰레기, 생활 하수, 하수 슬러지, 산업 활동에서 발생하는 유기성 공장 폐수, 축산 폐기물 등으로 유기질 농도가 높은 이와 같은 폐기물의 양은 연간 약 200만 톤에 이른다.

발효 미생물과 수소

혐기 발효 세균이 어떻게 수소를 발생시키는가를 살펴보면 광합성 미생물이 수소를 발생시키는 과정과는 여러 가지 면에서 사뭇 다르다. 광합성 미생물은 빛을 흡수하는 박테리오클로로필 때문에 붉은색이나 녹색 등을 띠지만 혐기 발효 세균은 빛을 사용하지 않기 때문에 하얀색을 띤다. 산소가 없는 혐기 상태에서만 자란다는 특징 때문에 혐기 세균이라고 불려지기도 한다. 이러한 조건에서 수소를 생산하는 미생물은 세균만이 아니라 곰팡이, 원생 동물 등 다양하게 자연계에 존재한다.

산소가 미량 또는 거의 존재하지 않는 혐기 상태는 우리 주변에서도 종종 찾아볼 수 있다. 한 예로 탄수화물 위주의 식사 후에 숨을 쉴 때는 약간의 수소 가스가 발생하는데, 이는 우리 소화 기관에 존재하는 혐기 세균이 탄수화물을 분해하면서 발생한 것이다. 이러한 수소 가스의 대부분은 다른 세균에 의해 즉시 이용되어 물로 산화되기 때문에 아주 소량만이 존재한다.

거의 모든 생명 현상은 직접적으로나 간접적으로 산화–환원 반응에 의해 에너지를 얻는다(수소와 산소가 서로 반응하는 것을 산화-환원이라고 하며 이때 수소는 산화되고, 산소는 환원된다고 한다). 성장에 필요한 에너지를 어디서 얻는가에 따라 생물을 분류할 수 있는데, 빛에 의한 작용으로 산화-환원 에너지를 얻어 생활하는 생물은 광합성 생물체(phototroph)라 하고, 빛의 유무와 관련 없이 유기물로부터 에너지를 얻는 생물체를 종속영양생물체(heterotroph)라 하며, 수소와 같은 무기물로부터 산화-환원 에너지를 얻는 생물체를 리스테리아증(lithotroph)이라고 한다.

놀랍게도 지각 1,500m 깊이의 현무암이 형성되는 고온에서도 혐기 미생물이 살고 있는데, 이러한 혐기 세균은 수소를 발생하는 수소생산효소 유전자를 갖는 고온성 수소 생산 혐기 세균으로 밝혀졌다. 수소와 산소의 산화-환원 반응이 우주 로켓에서는 막대한 폭발력을 내어 추진력을 얻지만, 생물의 세포 내에서 발생하는 이 반응은 열 엔진과는 다르다. 생물체에서는 세포막 사이에 H^+ 농도 차이를 생기게 하고 이러한 차이가 ATP를 형성하도록 한다. ATP는 유전자 복제, 세포물질의 합성과 같은 생물체 내에서 일어나는 무수한 반응들이 가능하도록 에너지를 공급하는 고분자 물질이다. 일부의 세균은 산소의 산화-환원 반응에 필수적이지 않고 이를 대체할 수 있는 다른 화합물이 있을 수 있는데, 여기에서 다른 화합물이란 의미는 세포가 주어진 환경에서 살기 위해 가장 많은 에너지를 낼 수 있는 물질을 말한다.

이러한 상황은 자연계에서 종종 관찰된다. 산소가 풍부한

태양에너지

호기성 세균(수소→물, 유기물, 메탄→이산화탄소)
녹조류(이산화탄소→유기물+산소)
시아노박테리아(이산화탄소+물→수소 또는 유기물)
홍색/녹색 광합성세균
(유기물→수소+이산화탄소, Sulfide→Sulfate)
메탄박테리아(이산화탄소→메탄)
혐기발효세균(유기물→수소+이산화탄소+유기산)

산화
환원
전위

많음 (+)
적음 (−)

수중 세균 생태계 분포와 역할

늘이나 호수의 윗부분에 서식하는 세균과 산소가 결핍되어 있
는 진흙 속에 존재하는 혐기성 세균이 서로 먹이사슬로 얽히
면서 생태계가 유지되는 것이 그 한 예이다.

그림에서 보는 것 같이 호수 윗부분에 서식하는 미생물은
공기와 접촉되어 있고, 충분한 빛을 받는 데 적응된 것들이다.
주로 광합성을 하며 산소를 좋아하는 호기성 성장을 한다. 시
아노박테리아와 녹색 조류 등이 이곳에서 자라며, 이들은 광
합성 작용에 의해 물을 산화하여 산소를 발생하고, 공기 중의
이산화탄소를 이용하여 유기물을 합성한다. 또한 여기에 있는
호기성 세균은 산소를 이용하여 수소를 물로, 또는 메탄을 이
산화탄소로 산화하기도 한다. 반면, 호수 바닥은 산소가 결핍
되어 있는 상태로 이러한 곳은 가시광선 중에서도 파장이 긴

빛만이 일부 투과하기 때문에 혐기성 광합성 미생물인 홍색 유황 세균 등이 자란다. 이보다 더 깊은 바닥의 진흙 속에는 빛이 들지 않을 뿐 아니라 산소도 없어서 클로로스트리디움(Clostridium)과 같은 혐기성 세균이 호수 윗부분에서 합성된 유기물을 발효하여 수소가스와 초산을 내며, 이때 수소는 환원 반응에 중심적인 역할을 한다.

실험실에서 미생물을 이용하여 수소를 만들기 위해서는 자연계에 존재하는 혐기성 수소 생산 세균을 채집하여 실험실로 운반한 다음 자연계와 비슷하거나 수소를 발생하기 쉬운 환경을 인위적으로 만들어주게 된다. 미생물이 자랄 수 있는 조건을 확보하여 키우면서 원하는 물질을 얻는 것을 '배양'이라고 하며, 특히 혐기적으로 배양하는 것을 '발효'라고 일컫는다.

수소 생산 조건 또는 최적 배양 조건은 미생물이 갖는 고유의 특성에 따라 달라지는데, 중온성 세균은 30~35℃에서 가장 잘 자라고 고온성 세균은 80~100℃에서만 자란다. 이들은 공통적으로 탄소원, 질소원, 무기 물질을 먹이로 공급해야 하고 주변 공기를 모두 질소나 아르곤으로 대치해 주는 혐기조건을 마련해 주어야 한다. 탄소원으로는 보통 포도당, 전분 등이 쓰이며, 질소원은 암모늄설페이트나 암모늄나이트레이트와 같은 암모늄 이온(NH_4^+)을 갖는 물질을 사용한다.

수소 생산세균 중 클로로스트리디움(Clostridium) 속은 수소 생산 효율이나 속도가 빠른 혐기성 세균으로 알려져 있는데, 가장 좋은 배양 조건에서 약 2시간 마다 분열을 하여 빠른 속도로 자라면서 수소, 유기산, 알코올과 같은 물질을 생산한다. 보통은 포도당 1분자에서 이론적으로 4분자의 수소, 2분자 초산, 2분자 이산화탄소가 발생할 수 있는데, 미생물 내에는 여러 가지의 다른 생합성 과정도 동시에 존재하므로, 동시에 알코올이나 젖산, 뷰티릭산 같은 물질도 소량 만들어진다.

수소가스가 공기가 없는 환경에서의 생태계 유지에 중요한 역할을 한다는 것은 위에서 계속 강조한 바 있다. 여기서 한 가지 질문을 던질 수 있다. 햇빛 맑은 날 호수 표면의 수초는 산소를 방울방울 내는데, 왜 물밑의 혐기적 조건에서는 이와 같은 속도로 수소를 발생하지 않는 걸까? 미생물 군집에서 수소는 산소와는 달리 계속 순환한다. 즉, 한 종류의 미생물은 수소를 만들어 내놓는 반면, 이웃한 다른 종류의 미생물은 이것을 다른 종류의 가스로 변환하는 역할을 하는 것이다. 앞에서 이야기한 바와 같이 호수 밑 부분의 공기가 희박한 곳에 사는 발효 세균이 수소를 만들면, 이 수소는 또 다른 세균에 의해서 메탄, 초산, 황화수소, 물과 같은 물질로 변한다. 한 예로 메탄 박테리아와 초산생성 박테리아는 주변에 있는 수소와 이산화탄소를 결합하여 메탄이나 초산으로 전환하는데, 식으로 표시하면 다음과 같다.

$$CO_2 + 2H_2 \rightarrow CH_4(\text{메탄})$$
$$CO_2 + 2H_2 \rightarrow CH_3COOH(\text{초산})$$

이와 같은 자연계의 반응이 말해주듯 수소는 발생하자마자 곧 다른 미생물에 의해 변화되기 때문에 공기 중의 발생량은 아주 적다. 이러한 현상은 자연계가 좀 더 안정적인 생태 질서와 에너지 상태를 유지하기 위한 작용이라고 말할 수 있다. 공기 중의 산소 함량이 20%를 웃도는 반면, 수소 함량은 미량 존재하는 것도 이와 같은 결과이고, 이는 지구 환경을 가장 안정적으로 만드는 자연계의 질서이다.

이러한 질서에 거슬린 것이 현대 우리가 겪고 있는 산업혁명 이후의 지구 환경 변화이다. 인위적으로 채굴해서 사용하는 석탄이나 석유와 같은 지하자원을 장기간 대량으로 사용한 결과 편리한 문명 생활은 누릴 수 있게 되었으나, 대기 중에 이산화탄소, 아질산, 아황산 농도가 급증하여 환경 훼손을 초래한 것이다.

바이오매스를 이용한 생물학적 수소 생산

생물학적 수소 생산 기술은 다양하여 기질로 사용되는 원료물질은 물, 유기물, 가스로 크게 구분된다. 또한 미생물의 다양한 메커니즘에 따라서도 여러 가지 기술이 알려져 있다.

미생물을 이용한 수소 생산 방법 중 또 다른 하나는 광합성 메커니즘을 이용하는 것이 아닌, 빛이 없는 곳에서 혐기성 세균의 발효 과정을 이용해 유기물로부터 수소를 생산해 내는 방법이다. 이 방법은 최근 우리나라와 일본을 비롯한 유기성 폐자원이 풍부한 나라에서 집중적으로 연구되는 기술이다.

혐기 발효 세균의 일부 종은 공기가 없는 조건에서 발효 과정을 거친 후 다음 식에서와 같이 이산화탄소와 유기물, 수소를 발생시킨다.

$C_6H_{12}O_6$(포도당) + $6H_2O$

→ $2CH_3COOH$(초산) + $4H_2$ + $2CO_2$

$C_6H_{12}O_6$(포도당)

→ $2CH_3(CH)_2COOH$(뷰티릭산) + $2H_2$ + $2CO_2$

위의 경우 포도당 1분자는 혐기 미생물이 갖는 자체 내 발효 메커니즘에 의해 2분자의 초산과 4분자의 수소를 생산한다. 생성되는 수소량은 어떠한 유기산이 생성되는가에 따라 차이가 있지만, 뷰티릭산이 생성될 경우 2분자의 수소가 발생한다.

이와 같은 수소 생성량은 포도당 1분자를 분해할 때, 이론적으로 발생하는 수소가 최대 12분자임을 감안하면 실질적으로 4분자만이 생성되므로 약 33%의 전환에 불과하지만, 동시에 발생하는 유기산, 즉 초산이나 뷰티릭산 등은 광합성 세균에 의한 발효로 다시 수소 생산을 유도할 수 있다.

$2CH_3COOH$(초산) + $4H_2O$ → $4CO_2$ + $8H_2$

대표적인 예가 클로로스트리디움(Clostridium)이라는 미생물인데, 현재 이들을 이용한 수소 생산에 관한 연구가 활발히 진행되고 있다. 비교해 보면 광합성 미생물은 태양광을 에너지원으로 하여 물이나 유기물을 분해하여 수소를 발생시키는 반면, 혐기 발효에 의한 수소 생산은 미생물 내부에 있는 자가 증식형 수소 생산 메커니즘을 이용하기 때문에 별도의 태양광 전환 이용 장치 등이 불필요하다. 더구나 이 같은 형태의 분해 공정에 투입되는 바이오매스 원료는 세계 도처에 무진장으로 존재하며 자연계에서도 계속 합성된다. 따라서 미생물에 의한 수소 생산은 화석 연료의 대체 효과뿐만 아니라 폐기물과 폐수의 처리, 이산화탄소 배출 감소에 따른 지구 온실 효과 방지 등도 가능하여 지구 환경 보호에 크게 기여할 것으로 예상된다.

바이오매스를 이용한 광합성 발효

앞에서 설명한 것과 같이 조류나 식물의 경우 광합성 작용인 PS I과 PS II를 모두 이용하는 Z 모양의 광합성 과정을 갖는 반면, 수소를 생산할 수 있는 광합성 세균은 PS I만을 이용하는 전자전달계를 갖는 광합성 작용을 한다. 이 경우 에너지는 광합성으로부터 오지만, 수소 발생에 필요한 양성자는 유기 물질로부터 전달되어 페레독신이라는 물질로 전달된 후, 최종적으로 질소고정효소(nitrogenase)에 의해 양성자(H^+)가 수소(H_2)로 환원되어 수소가 발생하게 된다. 또한 공기 중의 이산화탄소를 이용하지 않고 유기물, 즉 초산, 뷰티릭산, 젖산에 있는 탄소를 이용하여 균체가 성장한다.

3절에서 살펴 본 광합성 미생물과 본 절에서 언급한 광합성 세균을 정리하여 비교해 보면, 광합성 전자전달계, 수소 발생에 관여하는 효소, 그리고 영양분의 이용 형태에 따른 독립 영양(autotroph)과 종속 영양(heterotroph) 등 크게 세 가지 점에서 차이가 있다.

첫째, 모두 빛 에너지를 이용한 광합성 메커니즘에 의해 전자(e^-)가 전달되어 균이 성장하거나 주요 대사 산물을 만든다는 점에서는 유사하지만, 앞에서 이야기한 바와 같이 광합성 작용을 하는 메커니즘이 다르다. 이 차이는 외부에 나타나는 미생물의 색소에도 영향을 주어 앞에서 언급한 녹조류에 속하는 미생물은 녹색, 담청색을 띠는 반면, 본 절에서 소개하는 광합성 세균은 주로 붉은 색을 띤다.

둘째, 수소를 만드는 효소가 다르다. 녹조류나 일부의 시아노박테리아는 수소생산효소(hydrogenate)가 수소 생산에 관여하는 최종 효소인 반면, 홍색 유황(또는 비유황) 세균은 질소고정효소(nitrogenase)가 수소를 발생하는 데 중요 역할을 한다. 수소생산효소와 질소고정효소가 어떻게 수소 가스를 발생시키는가는 이미 앞에서 소개하였으므로 여기에서는 생략한다.

셋째, 녹조류는 공기 중의 이산화탄소를 흡수하여 영양 물질로 쓰는 자가 독립 영양(autotroph) 형태를 갖지만, 홍색 세균은

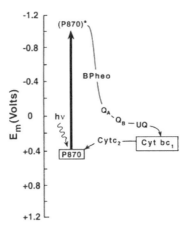

홍색 유황 세균과 같은 광합성 세균이 갖는 환모양의
닫힌(cyclic) 전자 전달 과정
P870: 테리아 클로로필의 반응 센터,
P870*: 빛을 받아서 에너지가 높아진 상태,
UQ: 유비키논, cyt: 사이토크롬, Fd: 페레독신.

유기물을 외부로부터 섭취하여 성장하는 종속 영양(heterotroph)
형태를 갖는다.

또한 이 장에서 소개하는 광합성 세균은 대사적인 다양성
을 갖고 있어서 산소가 있을 경우나 없을 경우 모두 성장할
수 있고, 광합성 작용으로 수소를 생산할 수 있다. 이러한 다
양성 때문에 기질의 이용 효율에 차이는 있지만, 단당류, 이당
류 및 각종 유기산을 모두 배양 기질로 사용할 수 있어서 실
질적으로 수소 생산을 쉽게 유도할 수 있다. 광합성 세균 중에
서 대표적으로 이용되는 홍색 비유황 세균(purple non-sulfur
bacteria)은 이론적으로 초산, 젖산, 또는 뷰티릭산으로부터 각

각 4, 6, 7분자의 수소가 생성된다. 정리하면 혐기 세균과 광합성 세균을 적용할 때 포도당 1분자로부터 최대 12분자의 수소가 발생하지만, 실질적으로는 미생물의 배양 조건, 즉 산도(pH)의 변화, 빛의 이용 효율, 온도 등에 의해 최대 8~9분자가 발생하는 것으로 보고되고 있다. 유기 물질이 다량 함유되어 있는 식품계 공장 폐수나 하천 슬러지, 농수산 시장의 폐기물은 이와 같은 혐기 및 광합성 세균을 이용하여 수소를 생산할 수 있는 좋은 재료가 된다.

공장 폐수나 하천 찌꺼기 등은 보통 방법으로는 분해가 쉽지 않아 환경오염의 주범으로 지목돼 왔다. 혐기성 세균을 이용한 수소 생산 방식은 에너지 생산은 물론 환경도 보호할 수 있는 기술이라는 이점 때문에 좀더 효율적인 세균의 발견과 수소 생산 방식에 대한 연구가 국내외에서 활발하게 진행되고 있다.

더욱이 일부 광합성 미생물은 탄소가 주성분인 식품계 폐수를 광합성 재료로 사용할 수 있어 환경오염을 획기적으로 줄일 수 있다. 식품계 폐수는 탄화수소 화합물로 구성되어 있는데, 이들은 환경으로 배출됐을 때 쉽게 분해되지 않아 수질오염의 주범 중 하나로 지목돼 왔다. 광합성 미생물우 공기 중의 이산화탄소 대신 유기물 폐수에 포함되어 있는 탄소를 광합성 원료로 사용한다. 이럴 경우 환경에 치명적 영향을 끼치는 유기물 폐수를 깨끗이 정화시킬 수 있다.

또한 일부 광합성 미생물은 매우 독특한 현상을 보이기도 한다. 이들은 유기물 폐수 내의 탄소를 광합성 과정을 통해 베타-카로틴과 아스타잔틴, DHA 같은 탄화수소 화합물 형태로 바꿔 체내에 보관한다. 이 화합물들은 탄소를 주성분으로 하는 물질로, 그 자체로 의약품으로서의 가치를 지닌다. 또한 이 물질을 이용하여 고부가가치의 건강 보조 식품과 비타민 같은 의약품을 만들 수도 있다. 즉, 광합성 미생물을 이용하는 방법은 수소 발생, 환경오염의 방지, 유익한 화합물의 생산 등 일석삼조의 효과를 가져 올 수 있는 기술인 것이다.

음식 쓰레기, 하수 처리장에서 발생하는 슬러지, 식품 공장 폐수 등은 처리가 쉽지 않은 바이오매스이다. 식생활 습관이 서구와 다른 우리나라의 경우 발생 과정이나 처리의 문제가 더욱 커지고 있다. 국토의 면적이 작은 우리나라는 매립지가 충분치 않고, 처리시 발생하는 악취나 침출수 때문에 처리 시설이 혐오 시설로 여겨지고 있다. 심지어 '내 주변에는 이러한 시설을 원하지 않는다'는 님비(NIMBY, Not In My Back Yard) 족까지 등장하고 있는 상황이다.

또한 기존에는 이러한 폐기물을 매립하거나, 처리 후 해양에 던져 버리기도 하고, 폐수 등은 그냥 하천에 흘려보내는 등 환경에 악영향을 미치는 소극적인 방법을 취해왔었다. 2005년부터 환경 규제에 의해 음식 쓰레기를 매립장에 묻을 수 없게 됨에 따라 무언가 다른 방법이 요구되고 있다.

정부 지원으로 필자의 연구팀이 두부·탁주 공장 폐수와 농산 시장에서 버려지는 쓰레기를 이용하여 수소를 발생시키는 연구를 대학과 함께 수행하였다. 식품계 폐수는 유기물의 농도가 높아서 직접 하수에 버릴 수 없지만, 미생물로 수소를 생산한 후에는 유기물 농도도 낮아져서 에너지 생산과 환경 폐수 처리를 동시에 이룰 수 있다. 최근에는 삼성엔지니어링과 한국화학연구원이 공동으로 연구한 하수·제지 공장 슬러지, 음식 쓰레기 처리 시설이 약 500리터 규모로 대형화 되었다.

음식 쓰레기와 같은 유기물을 혐기 미생물로 분해하여 바이오가스의 일종인 메탄을 생산하는 기술은 약 20여 년 전부터 상용화 되었다. 대표적인 예는 드렌코(Dranco)라는 기술로 현재 오스트리아 잘츠부르크에서 연간 2만여 톤의 음식 쓰레기를 처리하고 메탄가스를 내고 있다. 이러한 메탄가스는 유기물이 두 단계의 분해 과정을 거쳐서 최종적으로 발생되는 가스이다. 두 단계는 산/수소 생성과 메탄 발생으로 연속적으로 진행되며, 이때 첫 단계인 산/수소 생산 과정에서 수소가 발생한다.

열역학적으로는 메탄으로 전환되는 것이 안정된 공정이지만, 수소의 필요성이 커질 경우 수소 발생을 주요 과정으로 하는 것은 그리 어려운 기술이 아니다.

이러한 연구는 해외에서도 일본, 네덜란드 등에서 적극적으로 추진되고 있다. 이와 같은 혐기 미생물에 의한 수소 생산 기술은 광합성 미생물에 의한 수소 생산보다 훨씬 빨리 상업화에 이를 것으로 전문가들은 예측하고 있다. 왜냐하면 이 기술은 이미 존재하는 메탄가스 생산 기술과 연관되어 있어서

유기성 폐기물로부터 100리
터 규모의 수소를 생산하는
시설.

기존의 생산 시설을 활용할 수 있을 뿐 아니라, 이 과정에 관
여하는 산 생성 미생물의 성장이 광합성 미생물에 비해 훨씬
빠르므로 수소 생산 속도를 높일 수 있기 때문이다.

수소생산효소와 연료전지

수소는 각종 산업과 교통수단에 이용 가치가 높은 연료로
인식되고 있으며, 현재와 같은 고유가 시대에 수소 에너지의
미래는 좀 더 가까이 오고 있다. 수소를 생산할 수 있는 많은
기술 중에서 가장 간단한 방법은 물을 전기나 광으로 분해하
는 것이다. 이러한 수소는 1장에서 살펴본 바와 같이 에너지
로 사용할 때, 즉 수소를 공기 중 산소와 태울 때 환경을 오염
시키는 해로운 가스를 발생하지 않는다.

더욱이 연료전지에 적용하여 전기를 낼 수 있는 가장 좋은
연료라 할 수 있다. 수소 연료전지는 물의 전기 분해를 역방향

으로 진행하여 전기를 낼 수 있는 일종의 배터리로서 약 2세기 전부터 알려진 기술인데, 수용액 상에서 수소와 산소사이에 산화-환원 반응을 일으켜 전기를 얻는다. 상당한 기간 동안 선진국에서 집중적으로 이 기술을 연구한 결과 실제 변환 기술이 45~60%를 웃도는 실용화 가능성이 높은 기술로 알려져 있다. 반면 수소 내연 기관의 효율은 15% 정도이다. 또 다른 장점은 연료전지는 자동차나 가정용의 작은 규모에서부터 발전소 같은 큰 규모의 시설에까지 적용할 수 있고, 낮은 전압으로도 전기 생산이 효율적으로 일어난다는 점이다. 그리고 무엇보다 중요한 것은 원료가 수소와 공기 중 산소이므로 화석 연료나 원자력 발전에서 발생하는 오염 문제를 완전히 해결할 수 있는 기술이라는 것이다.

그러나 아직은 몇 가지 해결해야할 문제점이 있어서 광범위하게 실생활에는 적용하지는 못하고 있다. 그 중 가장 먼저 해결해야할 것은 저장 문제이다. 원료로 쓰이는 수소는 가연성이 있고 가스 상태에서는 밀도가 낮은 용도에 맞도록 저장하기가 어렵다. 압력이나 온도를 극한으로 변화시켜 액체로 저장하기에는 많은 비용이 든다. 현재 저장을 용이하게 하기 위한 연구가 적극적으로 진행되어 금속이나 탄소 등에 흡착시키는 신기술이 개발되고 있는데, 실생활에 적응시키기 위해서는 검증된 연구를 서둘러야 할 것이다. 두 번째 어려움은 연료전지에 사용하는 촉매가 값비싼 금속이라는 것인데, 일정시간 사용 후에는 교체해 주어야 하므로 전기를 생산하는 가격이 높아지게 되어 경쟁성을 떨어뜨리게 된다.

앞에서 설명한 바와 같이 수소생산효소는 미생물 내에서 연료전지와 같은 메커니즘을 갖고 있다. 즉, 수소(H_2) ↔ 2 양성자(H^+)+ 2 전자(e^-)와 같은 반응을 가능하게 한다. 그러나 자연계 미생물에서는 인간이 만든 연료전지가 가진 어려움 없이 가동되고 있다. 즉, 자연계 수소 생산 미생물은 세포 내에 수소를 저장하지 않는다. 만드는 즉시 에너지원으로 써 버린다. 다시 말하자면 수소는 좋은 연료이지만 다른 형태로 저장되지는 않는다는 것이다. 또한 자연계 수소 생산 미생물은 사람이 만든 연료전지에서 쓰는 값비싼 백금을 촉매로 사용하지 않고 철, 니켈과 같은 금속을 코펙터(cofactor)로 사용하여 효소 작용을 돕는다. 그 작용은 보다 복잡하고 세련된 형태로 인간의 기술이 아직은 따라 갈 수 없는 수준으로 진화되어 있다. 사람이 만든 연료전지와 유사한 기능을 갖는 자연계 미생물의 수소생산효소 시스템을 보며 자연의 경이로움을 배우게 된다.

첨단 미생물 개선 기술과 수소 에너지

지구상의 수억 인구가 모두 다른 모습을 하고 있는 것은 서로 다른 유전자를 갖기 때문이다. 가령, 황인종, 백인종, 흑인종이 각기 독특한 피부색을 갖는 것은 피부색을 결정하는 유전자가 각 인종마다 상이하기 때문이다.

인간의 것과 비교해서는 아주 작은 규모이지만 미생물도

고유의 유전자를 갖는다. 우유를 발효해서 요구르트를 만들어 내는 유산균, 빵을 만들 때 쓰는 이스트, 된장이나 청국장을 뜨게 하는 곰팡이 등은 서로 다른 유전자를 갖기 때문에 그 개개의 특성을 살려 우리 식생활에 유리하게 이용되고 있다. 물론 수소가스(H_2)를 내는 미생물도 그 특유의 유전 정보를 갖는다.

양성자(H^+)가 어디에서부터 오는가, 즉 물(H_2O)에 있는 H^+로부터 오는가, 아니면 유기물[$(CH_2O)n$]로부터 오는가에 따라 수소 생산 메커니즘도 달라지고, 미생물의 종류도 달라진다. 수소 생산 미생물의 유전 정보는 아직도 확실하게 밝혀지지 않았지만 그 일부가 최근 국내외의 학자들에 의해 연구되고 있다.

사실 지구상에는 수없이 많은 미생물이 존재하기 때문에 이들의 유전 정보를 모두 알지 못하고, 또한 모두 알 필요도 없다. 그러나 특별하게 인류에게 필요한 미생물에 대해서는 연구가 계속되고 있으며 서서히 그 유전 정도가 밝혀지고 있다. 현재 유전 정보가 알려진 수소 생산미생물에는 클로로스트리디움(*Clostridium*)과 광합성 수소 생산미생물인 로도박테리움(*Rhodobacter*), 로도슈도모나스(*Rhodopseudomonas*) 속이 있다. 이들의 유전 정보를 자세히 보면 수소 생산을 위한 유전 정보만 있는 것은 아니다. 영양소나 수분, 산도(酸度) 등 생육조건이 좋은 곳에서는 우선 자신이 생육하는 것을 최우선으로 여겨 많은 숫자의 균체가 만들어진다. 이때 일부는 수소로 발생되며, 일부는 분자량이 작은 산(酸)들을 만들고, 또한 영양이 부족할 때 다시 사용하기 위해서 고분자 물질을 균체 내에 쌓아 놓기도 하는 등의 여러 가지 기능을 갖는다. 이러한 균체 내의 작용은 서로 연결되어 상호 보완을 한다.

수소 생산을 하기 위해서 관련된 미생물에게 포도당 1분자를 준다면 이론상으로는 12분자의 수소가 나올 수 있지만, 실제로는 혐기 발효 미생물이 최적의 조건을 유지하더라도 그 특유의 기능상 최대 4분자의 수소밖에 낼 수 없다. 다시 말하면 약 30%의 효율로 수소를 발생하는 것에 불과한데, 현재의 기술로는 이보다도 훨씬 낮은 효율로 수소를 생산한다. 그 이유는 위에서 설명한 것과 같이 자연계에 있는 토종 미생물이 다양한 자연 환경에 적응하기 위하여 한 균체 내에 여러 가지 기능을 동시에 갖기 때문이다.

첨단 미생물 개선 기술은 일부 유전자를 제거, 첨가 또는 기능을 조정하도록 자연계 미생물을 인위적으로 만들 수 있다. 이와 같은 인공 균주 개발은 마치 미생물을 로봇과 같이 부릴 수 있는 기술로 크게 두 가지 측면으로 접근하고 있다.

첫째는, 균체가 생존하는데 영향은 주지 않으면서 수소 발생에 방해가 되는 유전자를 제거하거나, 수소 생산에 높은 효율을 갖는 유전자를 제3의 미생물에 넣어주는 기술이다. 1988년 일본 연구팀이 수소생산효소의 유전자를 대장균 유전자에 넣어서 수소 생산을 시도한 것을 시작으로 연구가 활성화 되었다. 이 연구 외에도 미생물에 의해서 발생된 수소를 자체 내에서 소비해 버리는 수소소비효소 유전자를 없애서 미생물 내에서 소비하는 것을 막고, 최종적으로 수소 생산을 약 2~3배 증가시키는 재조합 미생물 연구가 국내외에서 있었다.

광합성 수소 생산세균 중 홍색 비유황 세균(purple non-sulfur bacteria)은 빛이 있는 곳에서 유기물을 분해하여 수소를 발생한다. 그리고 동시에 폴리 하이드록시 뷰티레이트 (polyhydroxybutyrate, PHB)를 만드는데, 이는 영양분이나 에너지가 부족할 때 다시 쓰기 위한 일종의 저장 물질로 알려져 있다. 이 물질은 환경 보존이라는 의미에서 인류에게도 매우 유용한 물질이며, 현재는 썩는 플라스틱의 원료 물질로 연구되고 있다. 그리고 수소 생산을 증가시키기 위해서는 이러한 세균의 PHB 합성 유전자를 제거시키는 방법을 시도하여 수소 생산량을 늘린 경우도 있다.

이외에도 빛을 받아서 에너지원으로 사용하는 광합성 미생물의 경우는 수소 생산에 효과적으로 빛을 이용하기 위한 빛 조절 유전자, 즉 클로로필 생성량을 조절하여 수소 발생을 높이기도 한다. 다시 말해 식물이나 세균 등 태양광을 받아서 성장하는 생물은 내부에 빛을 받는 안테나 역할을 하는 색소와 받은 빛을 수소나 다른 저장 물질로 전환하는 색소 이 두 가지로 나누어진다. 대부분의 경우 빛을 받는 능력은 높은 반면, 전환하는 효율은 상당히 낮다. 수소 생산을 하는 광합성 미생물의 경우에도 이와 같은 현상이 생기기 때문에 받은 빛에서 얻는 에너지를 수소로 발생시키는 것에는 제한이 있으며, 상당한 부분이 세포 내에서 유실된다.

수소 생산을 높이기 위한 유전자 연구는 전환 유전자와 안테나 역할 유전자라는 두 가지 측면에서 이루어진다. 전환 유전자를 좀더 민감하게 하거나, 안테나 역할 유전자 수를 감소시켜 빛을 적게 받아들이게 하면 전환 유전자의 효율이 높아지면서 수소가 많이 발생하게 되는 것이다. 그러나 이러한 시도는 지난 5년간 실험실 수준에서 연구되고 있으며, 아직 누구도 성공적인 결과를 얻지는 못한 상황이다.

홍색 비유황 세균은 수소 발생량이 다른 광합성 미생물에 비해 높기 때문에 유전자의 개선이나 반응기 최적화 등의 계속적인 연구가 수행되고 있는데, 이중에서도 수소를 생산하는 질소고정효소는 연구의 초점이 되고 있다.

앞에서 이미 이야기한 바와 같이 질소고정효소는 질소원이 없는 특수한 조건에서 수소를 발생한다. 또한 이 효소는 암모니아에 매우 민감하여 실질적으로 수소 생산에 광범위하게 적용하기가 어렵다. 폐수나 폐기물은 일반적으로 암모니아의 농도가 높기 때문에 이 세균을 적용하기 위해서는 또한 유전자 연구가 수반되어야 한다. 즉, 수소는 생산하면서 암모니아에 민감하지 않도록 유전자를 변형시키는 연구가 함께 진행되고 있다.

이외에도 유전자 제거, 첨가, 변형 등 많은 연구가 수소 생산을 높이기 위해 진행되고 있다. 그러나 상용화할 정도로 주목할 만한 결과는 아직 없는데, 연구 기간이 충분하지 않은 것이 한 이유이다.

종래의 유전자 연구는 주로 인간 질병의 원인 규명 및 치료에 관한 것에 치중되어 있었다. 특히 암을 치료한다거나 유전병과 같은 불치병을 규명하고 예방하는 등 의학의 발전에 큰 공을 세우고 있다. 아울러 식물 유전자 연구에도 그 성과를 보이고 있는데, 수확량이 많은 큰 알갱이의 슈퍼 옥수수, 감자와 토마토가 한 나무에서 열리는 식물 등과 같이 식량 자원을 늘리거나 질을 높이기 위한 식물의 개발이 그 예이다. 아직 수소 에너지를 내는 슈퍼 수소 미생물에 대한 연구는 본격적으로 이루어지지 않았다고 보는 것이 옳을 것이다. 지금의 연구는 연구비 투자 규모나 인력이 기초 단계의 수준에 머물고 있다.

하지만 환경과 에너지의 문제가 인류의 생존에 심각하게 영향을 미치는 이 시기에 본격적인 대형 연구가 추진될 것으로 전망되며, 수소 생산 미생물의 유전자는 인간이나 식물의 유전자 정보와 비교하여 훨씬 정보가 적으므로 그 성공 가능성도 높다고 생각된다. 다만 수소를 발생시킬 수 있는 대부분의 효소가 공기 중에 존재하는 산소에 매우 민감하여 수소 생산력이 약해진다는 것이 가장 어려운 문제이다.

다양한 유전자 연구가 진행되면서 인류가 우려하는 것은 또 다른 형태의 생태계 훼손 가능성이다. 다시 말해서, 화석 연료의 장기 사용으로 발생한 오염 가스가 지구 온난화의 주범이 되어 환경 파괴를 불러온 것과 유사한 결과가 일어날 가능성도 전혀 배제할 수는 없다는 것이다. 만약 유전자를 변형시킨 수소 생산 세균이 자연계에서 잘 적응하여 현재 대기 조성에 0.1ppm 미만을 차지하는 수소가스 농도가 증가하게 된다면, 이는 지구 생태계에 또 다른 재해를 불러올지도 모른다. 이와 같은 우려는 현재 유전자가 재조합된 생물로 생산된 제품을 이용할 수는 있어도 직접 생태계에 노출시키지는 못하도록 하는 법률을 통해 미리 예방하고 있다.

둘째, 인공 균주를 만드는 기술은 위에서 소개한 것보다는 좀 더 최근의 방법이며 아직 이론만이 있을 뿐 누구도 수소 생산과 관련한 연구를 시도하지는 않았다. 이 기술은 마치 회로 같이 존재하는 대사 작용(metabolism)을 유전자 기술을 활용하여 수정하거나 조정하는 것이다.

현재 화석 연료를 대체할 에너지에 대한 관심, 이산화탄소를 발생하지 않는 환경친화적인 연료에 대한 국제적인 관심은 '수소'를 미래 에너지로 구체화하는 커다란 동기가 되고 있다. 바이오테크놀로지(BT)는 우리나라뿐 아니라 세계적으로도 활성화된 기술로, 수소 생산 최대화를 위한 대사 공학(metabolic engineering)은 거의 이론적 수준에 가까운 수소 생산량(한 분자의 포도당으로부터 12분자의 수소 발생)의 효율을 내는 기술로 자리 잡을 것으로 전망된다.

에너지 생산국으로의 도약

대체 에너지의 현재

태양 에너지는 지구가 존재하는 한 거의 무제한으로 얻을 수 있는 막대한 무공해 에너지이다. 그러나 그 양의 일부만이 신재생 에너지로 태양열 보일러, 태양광 발전 등에 이용된다. 그 이유는 기존의 화석 연료에 의한 에너지 시스템, 즉 모든 산업 활동에 쓰이는 동력이 이미 화석 에너지에 의존하도록 구성되어 있기 때문이다. 이와 같이 화석 연료에 의존하는 에너지 시스템을 수소 에너지 시스템이나 태양 에너지 시스템 등으로 바꾸기 위해서는 기술 개발뿐만 아니라 사회 전체가 이러한 전환에 적극적으로 동참하여야 한다. 전 세계적으로 이러한 움직임이 서서히 일어나고 있다. 화석 에너지 의존도를 낮추고 수소를 포함한 신재생 에너지로 점차 대체하려고 하고 있으며, 국내에서도 대체 에너지 기술 개발 촉진법을 제정하여 추진하고 있다.

환경을 살리는 에너지 기술들

현실적으로 화석 에너지에 의존한 산업 구조를 단시간에 변형하기는 어렵기 때문에, 화석 에너지를 이용한 산업 활동을 계속하여 고도의 문명화를 이룩하면서 동시에 환경 파괴를 최소화하려는 노력이 다양한 방향으로 추진되고 있다.

첫째, 대체 에너지 및 신재생 에너지의 적극적인 개발, 둘째, 산업 활동에서 발생하는 오염 물질의 배출을 최소화하기 위한 공정 기술 개발, 즉 화석 연료의 연소 과정에서 발생하여 환경 오염을 일으키는 이산화탄소, 아질산가스, 아황산가스 등의 배출을 최소화하기 위한 기술, 유독한 물질을 없애기 위한 흡착·분리·회수 등의 새로운 공정 기술 개발, 셋째, 이미 오염된 환경을 효율적으로 처리하는 토양·대기·수질 환경 처리 기술, 넷째, 환경친화적으로 에너지를 소비할 수 있도록 유도하는 에너지 이용 합리화 등이 있다. 위와 같은 기술의 개발과 아울러 에너지 사용 절감 및 에너지 절약을 유도할 수 있도록 전문 기업에 투자하는 정책을 체계적으로 추진하는 것이 필요하다.

선진국의 에너지 자원 이용률의 예측 자료를 살펴보면,

1993년에서 2010년까지 화석 에너지는 약 0.7% 증가하는 반면 원자력, 수력은 각각 1.4%와 0.1% 정도 각각 줄어들고, 대체 에너지는 1993년 3.9%에서 2010년 4.7%까지 증가하여 대체 에너지에 대한 에너지 구성비가 늘어날 것으로 예측되고 있다. 이와 같은 예측은 화석 에너지의 고갈 문제와 아울러 환경 문제에 대한 해결 방안으로 대체 에너지에 대한 정책이 추진되고 있다는 것을 의미한다. 그러나 아직도 기술 개발 및 초기 투자와 같은 장애 요인이 있다.

일본은 정부가 주도하는 신재생 에너지 개발 계획인 썬샤인 프로젝트(Sunshine Project)와 에너지 절약 기술 개발인 문라이트 프로젝트(Moonlight Project)의 추진과 아울러, 1993년에는 종합 에너지 기술 개발을 위한 뉴 썬샤인 프로젝트(New Sunshine Project)를 2020년까지 1조 5500억 엔 규모로 추진할 계획이다. 유럽 연합도 1996년 총 에너지 사용량 중 6%를 차지하는 대체 에너지 비중을 2010년까지 12%로 확대하는 목표를 수립하고 CO_2 배출량을 적극 감축하는 정책 목표를 채택하여, 대체, 청정, 절약 기술 개발(JOULE), 시범/실증 사업(THERMIE), 대체 에너지 기술을 통한 이산화탄소 저감(ALTENER) 프로젝트를 추진하고 있다.

우리나라의 대체 에너지

우리나라는 석유를 해외에 의존하고 산업 개발이 미흡한

상황에서 두 차례의 석유 파동을 지나며 산업 사회에 진입하는 어려움을 겪었다. 결국 늦게나마 1987년 12월 「대체 에너지 기술개발 촉진법」이 제정되어 1988년부터 2001년까지 태양열, 태양광 등 11개 분야 대체 에너지 기술 개발이 3단계로 나뉘어 이루어졌는데, 주로 연구 기초 기술, 실용화 방법 구체화, 기술 자립 등을 목표로 하였다.

그 후 화석 연료의 지속적인 사용에 의한 지구 환경오염 문제가 커다란 이슈로 드러나고, 1990년대에 국제 환경 규제에 대응하는 대체 에너지의 중요성이 재인식되면서 에너지 기술 개발이 본격화 되었다. 1997년부터 2006년까지 10개년 계획을 추진하면서, 1997년 12월 「대체 에너지 개발 및 이용·보급 촉진법」을 개정하였다. 이 법에서는 태양열, 폐기물 에너지, 바이오매스 에너지 등을 중심으로 대체 에너지 보급 사업이 구축되어 2003년까지 총 에너지 수요의 1.4%, 2006년까지 2%, 2013년까지 5%를 대체 에너지로 이용한다는 목표를 정하고 있다.

1988년부터 1999년까지 주요 개발된 분야는 태양열, 태양광, 바이오매스, 폐기물 분야의 에너지 개발로, 현재 태양열 온수기, 온수용 집열기, 도시 쓰레기 소각조에 의한 폐기물 소각열 등이 상용화 되었으며, 그 외에는 아직 실용화 및 상용화 초기 상태에 머무르고 있다. 2002년 9월 「대체 에너지 개발 및 이용·보급 촉진법」이 개정되었는데, 대체 에너지 설비 인증 제도, 대체 에너지 이용 발전 전력의 기준 가격 고시 및 차액 지원, 공공기관의 건축물을 신축할 때의 에너지 절약에 관한 내용을 담고 있다. 2004년까지는 태양광, 풍력, 연료전지 분야를 중점적으로 개발하였다. 또한 대체 에너지 기술 개발 결과를 보급하기 위한 소규모의 연계 시설로 시범 마을(Green Village) 운영 및 개발된 제품 설비에 대한 성능 평가·실증 연구에 대한 지원이 이루어지고 있다.

풍력, 태양 에너지 실증 연구 단지는 현재 대관령과 광주에 각각 설치하도록 계획이 수립되었다. 그러나 아직도 폐기물 소각열의 의존도가 전체 대체 에너지원 공급 비중의 90% 이상을 차지하고 있어 태양열, 바이오매스, 풍력 등의 신에너지 이용 보급률은 극히 취약한 실정이다.

대체 에너지 개발의 과제

이러한 국내 대체 에너지 개발 및 보급상 당면 과제는 첫째, 경제성 문제이다. 즉, 풍력, 태양광 발전에 드는 비용은 원자력이나 화석 연료 발전 대비 약 5~10배가 높을 뿐 아니라, 1980년대 이후 유가 안정화 추세가 계속되어 대체 에너지에 대한 관심이 낮아지고 투자가 위축되었다. 또한 태양광이나 풍력 발전에 필요한 장치의 초기 투자비가 높은 것도 경제성에 장애 요인으로 분석되고 있다.

우리나라보다 대체 에너지의 보급률이 높은 국제 에너지 기구에 가입한 선진 국가들에서는 대체에너지 이용을 활성화하기 위해 정책적으로 뒷받침하고 있다. 미국은 대체 에너지로 발전을 할 경우 1킬로와트 당 1.5센트 세금 공제를 해 주며, 일본은 주택 건물 지붕에 4킬로와트 급 태양광 이용 시설을 설치할 경우 설치 비용의 50%를 정부가 보조해준다. 호주와 독일은 대체 에너지를 이용하여 발전을 할 때 저렴하게 융자를 지원해 주는 제도를 시행하고 있으며, 평균 전력 소비자 가격보다 저렴하게 매입한다. 덴마크는 풍력 발전에 과감한 자본을 보조하고 생산 전력을 저렴하게 구매하는 이용 보급 정책을 실시하고 있다.

시장 기반 조성을 위한 보조금 지원 등의 보급 정책만이 대체 에너지 이용을 활성화 할 수 있는 지름길이다. 현재의 정부는 대체 에너지 기술 개발에 대한 투자 의식이 미흡하고, 대체 에너지의 중요성을 인식하면서도 직접적인 관심이 부족해 전문 기술 인력을 정책적으로 양성해 내지 못했다. 정부는 최근에야 비로소 대체 에너지 발전 목표를 재정립하고 보급 확대 정책 강화, 기술 개발 체계화, 인프라 구축을 핵심으로 한 고유가 시대 및 기후 환경 변화에 대응하는 에너지 공급 시스템 구축을 추진하고 있다. 그러나 에너지 자원이 부족한 국내 상황에서 산업 활동을 유지하면서 주변 환경 변화에 적응하기 위해서는 정부의 정책뿐만 아니라 저소비형 산업 구조로의 전환, 에너지 절약 및 신공정 기술 개발 등의 대안이 함께 추진되어야 한다.

정부의 대체 에너지 육성을 위한 제도적인 정비 및 보완과

더불어 진행되어야 할 것은 소비자의 환경 의식을 고취시키는 일이다. 소비자가 환경 문제의 중요성을 인식하고 있어야 탄소 함유량 당 세금을 부가하고, 에너지 소비와 탄소 배출량의 감소를 유도하도록 탄소세를 부가하는 것이 가능하다. 대체 에너지의 자발적 사용을 활성화하기 위해 추가적인 비용을 부담하는 녹색 가격 제도(Green pricing scheme) 같은 환경에 대한 선진 의식이 필요하다.

'차가운 불' 수소 에너지가 전하는 희망

태양이 내리쬐는 도로를 달리는 자동차를 상상해 보자. 자동차를 자세히 살펴보니 배기가스 배출구가 없고, 운전자는 맑은 물을 수시로 마시며 운전을 하고 있다. 이는 가솔린 대신 물을 연료 탱크에 넣고 달리는 신기종의 자동차일 것이다. 이것이 석유 시대를 뒤이어 산업을 주도하고 자동차를 질주시킬 '차가운 불'이라 불리는 수소의 역할이다. 이와 같은 자동차는 더 이상 꿈의 그림이 아니다. 이미 선진국에서는 한 걸음씩 가까이 다가가고 있는 새로운 천년을 맞는 과학의 세계이다.

연소 없이 에너지를 발생시킨다고 해서 붙은 '차가운 불'이라는 별명과도 같이 수소는 공기 중의 산소를 섭씨 80도에서 반응시켜 전기를 일으킨다. 독일과 일본을 대표하는 벤츠와 도요다사가 이미 수소를 연료로 이용한 자동차 모델을 선보였으며, 2010년까지 수소 자동차를 생산할 전망이다. 독일도 역시 수소 제트기의 개발을 서두르고 있는데, 이는 영하 252도에서 액화시킨 수소를 비행기 연료로 사용하는 계획이다. 현재 사용되는 화석 연료의 약 20%가 제트기 운항에 사용되는 것을 고려하면 이와 같은 개발은 더욱 그 필요성을 느끼게 한다.

최근 개발한 수소 제조 시설로는 호수 위에 미생물을 담은 투명 아크릴 상자를 놓고 물이나 공장 폐수를 통과시켜 태양광을 이용하여 수소를 생산하는 시설, 태양광을 흡수한 광섬유를 마치 전기 코드와 같이 지하로 끌어 들여 미생물로 수소를 생산하게 하는 시설이 있다. 이들은 아직 실험실에서 일어나고 있는 일이지만, 가까운 장래에 상용화될 수 있을 것이다. 미래의 언젠가에는 각 가정이나 공장에서 버리는 폐수 및 인분을 포함한 각종 쓰레기가 세탁기 크기의 통속에서 잘게 부수어지고, 천장에서 내려오는 태양빛을 모은 코드에 스위치를 넣으면 수소 연료가 되어 모든 가전 기구를 가동시키며, 이때 발생하는 물은 아마 식수로 사용될지도 모른다.

세계 각국의 수소 에너지 연구

미생물을 이용한 수소 생산 연구는 20세기 후반 들어 실험실 규모를 벗어나 대규모로 진행되고 있다. '국제에너지기구(IEA)'는 1999년부터 2004년까지 '광합성을 이용한 수소 생산 연구(Annex 15 프로젝트)' 2단계를 7개국 공동으로 진행하고 있다.

박테리아 및 조류를 이용한 수소 생산의 장단기적인 생물학적 기술은 현재 미국과 일본을 중심으로 개발되고 있다. 미국 에너지부(Department of Energy, DOE)는 'Genomes to life program' 중 이산화탄소 고정과 수소를 생산할 수 있는 미생물의 유전체(유전자 및 관련된 정보) 연구에 연간 300만 달러를 투자하고 있으며, 녹조류, 시아노박테리아의 수소 생산 메커니즘 및 최대화 기초/응용 연구를 진행하고 있다. 2003년부터는 생물에너지 연구소(Institute for Biological Energy Alternatives)에 3년간 연구비 900만 불을 추가 지원하여 미생물에 의한 이산화탄소 제거 및 수소 생산에 관한 연구를 수행하고 있다. 또한 유전자 연구소(The Institute for Genomics Research, TIGR)와 공동 연구로 수소 생산 미생물 유전자 규명, 맞춤 미생물 및 수소생산효소 연구를 진행하고 있다.

일본은 1991년부터 1999년에 걸쳐 통산성과 민간 기업이 후원하고 신에너지 및 산업기술종합기구(NEDO)가 주관하여 '환경친화적 수소 생산 프로젝트'를 추진하고 29억 엔의 연구비를 투입했다. 현재 일본은 이때 확보한 원천 기술을 바탕으로 2단계 연구를 기획하고 있으며, 국제에너지기구(International Energy Agency, IEA) Annex 15 프로젝트에 참가하고 있다. 일본 오사카 간사이 발전소에서는 조류와 광합성 세균을 복합한 수소 생산 공정을 1,100리터 규모에서 운전하였다. 1단계에서 800리터 배양기로 조류를 배양한 다음, 2단계에서는 광합성 세균으로 1단계 생성물의 전처리로 생성된 유기산과 알코올을 이용하여 수소를 생산하였다.

　미국은 에너지부의 수소 연구 개발 프로그램을 주축으로 DOE 산하 신재생 에너지 연구소(National Renewable Energy Laboratory)와 오크리지 국립 연구소(Oak Ridge National Laboratory), 하와이 대학과 마이애미 대학에 생물학적 수소 생산 개발을 진행하도록 지원하고 있다. 특히 바다를 접한 하와이 호놀룰루 지역의 연구 시설에 설치한 시험 개발용 230 리터 규모의 광합성 배양 시설을 가동하여 수소 생산 경제성 평가를 수행하고 있다. 또한 미국 하와이 자연 에너지연구소의 수소 생산 연구 과정을 통해 설립된 벤처회사 '사이아노텍'은 바다에서 조류를 키워 미국에서 소비되는 베타-카로틴의 30%를 생산하고 있으며, 일부의 조류는 바다 게 사료로 사용하여 수산업에 응용하고 있다.

　독일 아헨 공대와 아이에스에이 기업은 최근 빗물과 우유 가공 공장 폐수를 이용하여 광합성 세균인 홍색 비유황 세균으로부터 수소를 생산하는 옥외 수소 생산 시설을 가동하고 있으며, 2리터/시간/㎡로 약 150원/kw·시간으로 수소 생산성의 경제성을 산출하였다.

　국내 연구는 1990년대 중반부터 산업자원부의 지원으로 시작되었다. 수소 에너지의 중요성이 부각되면서 현재는 과학기술부에서도 원천 기술 개발로 지원하고 있다. 과학기술부에서는 2003년 말부터 '고효율 수소 제조·저장·이용 기술 개발'을 프론티어 연구 개발 사업의 하나로 정해 약 10년간 지원할 계획을 하고 있다. 하지만 선진국에 비하면 연구 수준이나 개발비용이 아직 미미한 수준이다. 필자의 연구팀은 두부 및 막걸리 등 식품 공장에서 나오는 폐수와 농산물 시장의 과일 폐기물, 하수 찌꺼기 등을 원료로 하여 혐기수소 생산세균과 광합성 세균을 2단계로 적용하는 수소 생산 시설을 개발하였다. 100리터 규모의 혐기수소 생산 시설과 200리터 규모의 평판형 광합성 배양 시설에 수소 생산 미생물을 고정화하여 태양광을 이용한 반연속적 수소 생산 기술을 축적하고 있다. 국내에서 발생되는 유기성 찌꺼기, 축산 폐수, 농수산 집하장 폐기물은 연간 1억 500만 톤으로 이를 생물학적 수소 생산 기술로 전환할 경우 현재 300억 원에 이르는 국내 수소 시장의 30% 가량을 충당할 수 있다. 석유로 환산하면 68만 2,500킬로리터에 해당한다.

현재 수소 생산 연구는 국외 연구 개발 속도로 미루어 볼 때 가까운 장래에 실용화될 가능성이 크다. 특히 생물학적 수소 생산은 지구에 무한한 자원인 물과 유기성 폐기물을 원료로 이용하여 수소를 생성하는 기술로, 청정 에너지생산과 아울러 폐기물 처리 및 이산화탄소 감축이 가능한 환경 기술이다. 특히 이 과정에서 고부가가치 의약품과 식품 원료가 부산물로 생기기 때문에 매우 큰 경제성을 갖는다. 더욱이 우리나라와 같이 자원이 빈약한 국가에서 효율적인 생물학적 수소 생산 기술을 개발한다면 에너지 생산국으로 도약할 가능성도 크다. 생물 기술이 가지는 고유의 어려움을 극복하기 위하여 지속적인 연구 개발이 필요할 것이다.

에너지 선진국으로의 도약을 향해

얼마 전 텔레비전에서 특별 기획으로 방영된 프로그램에서, 국내에서는 그 존재조차 모르고 있는 우리나라의 희귀 약용 식물들이 이미 오래 전에 외국 연구진에 의해 수집되어 그 유전 정보가 그들에 의해 낱낱이 연구되고 있다는 내용을 접한 적이 있다. 아마도 약용 효과가 뛰어나서 선진 기술을 가진 이들이 관심을 가졌던 것 같다. 또한 일본의 미생물학자가 아시아 각국의 시냇가에서 분리한 미생물 중에서 서울 교외 한 시냇가에서 찾은 수소 생산 미생물이 우수한 생산성을 지녔다고 발표한 적이 있다. 풍부한 원유 매장, 우라늄 광맥의 지하자원은 주어지지 않았지만, 조물주는 우리에게 훌륭한 자연 생태계를 부여하여, 21세기를 끌고 갈 에너지 생산을 비롯한 각종 생물 관련 산업의 주도국이 되도록 배려하신 것일지도 모른다.

석유나 천연가스와 같은 화석 연료가 빈곤한 우리는 모든 에너지를 외국으로부터 수입해야 하는 위치에 있으므로 산유국을 위시한 선진국과의 국제적인 관계에서 항상 피곤할 수밖에 없었다. 더욱이 1990년에 들어서면서 화석 연료 사용에 의해 배출된 이산화탄소[3]는 지구 온난화의 주원인이 되었고, 그 제거 비용 및 이미 발생된 피해 복구 비용은 환산할 수 없을 정도이다. 이에 대처할 수 있는 방법은 이산화탄소를 발생하지 않는 태양광, 수력 등의 자연 에너지를 직·간접적으로 이용하여 수소와 같은 청정 에너지를 개발하는 것이다.

태양 에너지를 이용해서 수소를 생산하는 갖가지 미생물 중 붉은색 안테나를 갖는 세균이 가장 높은 수소 발생량을 가지며 환경에도 이용가치가 높은 것으로 연구 발표된 것은 그리 오래된 일이 아니다. 이 균은 태양광(인공광) 중에서 붉은색을 이용하여 세포 내 수소 생산 공장을 가동한다. 직경 0.1㎜도 안되는 소형 공장의 역할은 대단한데, 태양광을 균체 표면에 있는 붉은색 안테나가 흡수, 몇 단계의 생화학 반응을 거친 후 수소를 발생시킨다. 이들이 수소를 내기 위해 원료로 사용하는 것은 유기 물질로, 환경 측면에서 보면 이러한 유기 물질은 하천의 BOD(생물학적 산소요구량)를 높이는 주원인이며, 가정 폐수, 당류 및 음료수 공장 폐수, 두부 및 막걸리 제조 중 발생하는 폐수 등에 함유되어 있다. 국내 폐수 중에는 유기물질 함량이 높으나, 소규모로 생산하기 때문에 별도의 폐수 처리 없이 방류하는 식품 폐수가 상당히 많은데, 이 중에서도 두부 제조 및 막걸리 폐수는 수소 생산에 적합한 원료 물질이며, '두부 목판 옆 에너지 공장'은 실제로 현재 연구되고 있다.

　이러한 광합성 미생물을 이용한 생물 산업은 '일석 삼조'의 효과를 갖는다. 위에서 언급한 바와 같이 유기 물질 제거로 생물학적 수소 요구량(biological oxygen demand, BOD)을 낮추는 환경 처리 효과, 대체·청정 에너지인 수소 생산, 게다가 이 미생물 자체에 고부가가치 물질(식품·의약용 색소, 항암제, 생리 활성 물질 등)이 함유되어 있으므로 '환경을 깨끗하게 유지하고, 에너지를 생산하고, 고부가가치 물질의 생산까지' 이루어

내는 21세기에 적합한 산업이다.

수소는 물이나 값싼 유기물로부터 생성되는 지구상에서 가장 가벼운 가스이며, 에너지로 사용된 후 약간의 물만 발생될 뿐, 공해 물질이 생성되지 않고, 에너지 밀도는 가솔린보다 약 3배나 높은 이로운 점이 있다. 또한 연료전지나 터빈 등의 이용 기술이 쉽다. 즉, 수소 에너지는 자원의 빈부를 떠나서 기술 개발에 얼마를 투자하느냐에 의해 에너지 부유국으로 선진국 대열에 설 수도 있고, 또한 그 반대의 경우도 될 수 있는 것이다.

정부와 언론은 생물 공학, 신소재, 정보 통신이 가지는 잠재력에 기대를 품으며 21세기를 기다리고 있으며, 실제로 생물 공학에 의한 의약품 및 생필품 개발, 환경 처리, 농업 혁명은 이미 우리가 실생활에서 가깝게 접하고 있는 첨단 생물 공학의 결과이다. 이에 뒤따라 미생물 산업에 의한 수소 에너지 확보로 우리가 에너지 수입국에서 자급자족 국으로, 그리고 수출국으로 에너지 선진 대열에 설 수 있는 날은 그리 멀지 않다고 본다.

1) 열량은 발열량 또는 연소열이라고도 부르는데, 액체 연료 1 킬로그램(kg)이 온도 0℃, 1기압의 건조 상태에서 완전히 연소하였을 때 발생하는 열량을 의미하며, 킬로칼로리로 나타낸다. 이는 물질마다 가지고 있는 에너지가 모두 다르기 때문에 일어나는 현상인데, 액체 수소는 1킬로그램이 모두 연소하면 29,000킬로칼로리를 내며, 석탄과 가솔린은 각각 8,100킬로칼로리, 11,000킬로칼로리를 낸다.

2) 예를 들어 설명하면 바이오매스 자체는 무게가 몇 톤인가 하는 객관적인 측정 방법으로만 나타낼 수 있는데, 에너지 전문가들은 바이오매스 1톤을 에너지로 환산하면 얼마일까에 관심이 있었다. 여기서는 모든 물질에 똑같은 기준을 적용할 수는 없지만 산림에서 발생한 바이오매스 1.8~2조 톤을 에너지로 환산하면 7.2×10^{10}toe라는 것을 의미한다.

3) 이산화탄소는 탄소와 산소가 결합되어 있는 물질로 CO_2라고 표시한다. 앞에서도 설명한 바와 같이 대기 중에 있는 이산화탄소의 양은 지구 환경 면에서 볼 때 상당히 중요하다. 즉, 가장 큰 문제는 대기 중에 있는 이산화탄소, 메탄, 아산화질소 등이 지구를 둘러싸고 있을 때 마치 담요와 같은 효과를 내어 태양으로부터 지구에 도달한 열이 대기권 밖으로 빠져나가지 못하고 '온실효과'를 주기 때문에 기온이 상승되어 생태계에 나쁜 영향을 준다.
오늘날 대기 중의 이산화탄소 농도는 화석 연료시대가 시작된 1750년에 비해 약 30%가 증가했다고 유엔 국제 기후변화회의(IPCC : Intergovernmental Panel on Climate Change)에서 밝히고 있는데 이중 75%가 석탄, 석유의 사용에서 비롯되었으며, 나머지 25%는 산림훼손에 의한 것이라고 분석하고 있다. 대기 중의 이산화탄소는 식물의 광합성작용에 의해 저장물질로 전환된다. 여기에서 언급하는 저장물질은 우리가 먹는 곡식, 채소, 과일들이 모두 해당되며, 앞 장에서 설명한 바이오매스도 포함된다. 즉, 탄소가 대기 중의 이산화탄소의 형태로부터 나무나 식량자원, 즉 바이오매스의 구성성분으로 전환되어 머무르게 하는 것이 환경측면에서 보면 안전하다. 그러나 화석 연료의 사용으로 배출되는 이산화탄소는 그 양이 방대하여, 미처 지구상의 산림으로 광합성에 의해 처리할 수 있는 능력을 넘었다는 문제가 있다. 온난화에 의한 생태계 파괴와 큰 산불이 발생할 경우 산림이 훼손되므로 이산화탄소를 다른 형태로 전환시킬 수가 없다. 이산화탄소, 이산화질소, 아황산가스 등 화석 연료 사용으로 대기 중에 배출된 가스는 이미 과부화 상태에 직면해 지구온난화 외에도 산성비를 내리게 한다. 이들 가스는 물에 쉽게 녹는 성질을 갖고 있어서 비가 올 때 녹아서 탄산, 질산, 황산의 형태로 되며 이는 강한 산성으로 생태계와 산업시설에도 피해를 준다.

참고문헌

Benemann, J.R. and N.M. Weare, *Science* 184, 1974, pp.174-175.

Gaffron, H. and Rubin, J., *Journal of General Physiology* 26, 1942, pp.219-240.

Gray, C.T. and H. Ges, *Science* 148, 1965, pp.186-192.

J. Benemann, *Nature Biotechnology* vol 14, 1996, pp.1101-1103.

Jun Miyake, Tadashi Matsunaga, Anthony San Pietro(editors), *Biohydrogen II*, Pergamon 2001.

Oskar R. Zaborsky(editor), *Biohydrogen*, Plenum Press, 1998.

김미선, 『태양에너지』 vol. 1, No 3, 2002, pp.4-17.

김미선, 윤영수, 백진숙, 『한국수소 및 신에너지학회 논문집』 Vol. 18, No. 1, 2003, pp.51-57.

김미선, 백진숙, 『과학 동아』, 동아 사이언스 10월호, 2003.

수소 혁명의 시대

초판발행 2005년 6월 10일 | 2쇄발행 2008년 8월 25일
지은이 김미선
펴낸이 심만수 | 펴낸곳 (주)살림출판사
출판등록 1989년 11월 1일 제9-210호

주소 413-756 경기도 파주시 교하읍 문발리 파주출판도시 522-2
전화번호 영업·(031)955-1350   기획편집·(031)955-1357
팩스 (031)955-1355
이메일 book@sallimbooks.com
홈페이지 http://www.sallimbooks.com

ISBN 89-522-0386-0 04080
        89-522-0096-9 04080 (세트)

값 3,300원